그 말씀 힘 되어 365

"사계절 묵상 노트" 활용법

1. 하나의 본문을 3개월마다 반복 묵상하도록 구성되었습니다.
2. 묵상 본문을 읽고 노트에 적용, 기도 제목 등을 기록하세요.
   묵상이 깊어지고, 기도 응답을 확인할 수 있습니다.
3. 그날의 말씀을 노트에 필사하면서 암송할 수 있습니다.

• 본문에 사용한 성경 구절은 대한성서공회의 개역개정판을 따랐으며, 다른 번역본의 경우 따로 표기하였습니다.

그 말씀 힘 되어 365

복음이 이끄는 일상

고상섭 지음

아바서원

"너희 중에 누가 염려함으로 그 키를 한 자라도 더할 수 있겠느냐 또 너희가 어찌 의복을 위하여 염려하느냐 들의 백합화가 어떻게 자라는가 생각하여 보라 수고도 아니하고 길쌈도 아니하느니라" (마 6:27~28)

예수님은 염려와 불안으로 살고 있는 사람들에게 공중의 새와 들의 핀 백합화를 보라고 하십니다. 이 설교를 들었던 사람 중에서 공중의 새와 들의 핀 백합화를 보지 않은 사람은 없었을 것입니다. 그러나 염려에 사로잡히는 이유는 무엇입니까? 단순히 새와 꽃을 보는 시력이 있어야 하는 것이 아니라, 일상 속에 숨겨져 있는 하나님의 손길과 섭리를 볼 수 있는 영적인 안목이 있어야 하기 때문입니다. 예수님이 말씀하시는 '생각하여 보라'는 단어는 단순히 생각한다는 말이 아니라 '관찰하다', '배우다'라는 의미를 포함하고 있습니다. 예수님은 우리가 스쳐 지나가는 모든 일상 속에 하나님의 손길로 가득하다는 것을 알려주십니다.

제자훈련 소그룹을 인도할 때 중요하게 생각하는 두 가지 숙제가 있습니다. 하나는 큐티이고 또 하나는 영적 일기입니다. 큐티는 하나님의 말씀으로 시작해서 우리의 삶으로 적용되는 과정이라면 일기는 오늘의 삶에서 시작해서 하나님의 말씀으로 끝날 때가 많습니다. 말씀에서 삶으로, 삶에서 말씀으로 이어지는 과정을 지속적으로 반복하면 우리의 하루는 하나님의 음성이 들리는 범위 안에서 살 수 있게 됩니다.

삶에서 하나님의 손길을 느끼려고 매일의 묵상을 페이스북에 쓰기 시작한 것이 2012년 초였으니 10년이 조금 넘는 시간 동안 매일 하나님이 내게 주시는 말씀을 기록한 셈입니다. 처음 글을 쓰게 된 계기는 우연히 본 무라카미 하루키의 문장 때문이었습니다. 하루키는 《직업으로서의 소설가》(현대문학)에서 매일 글을 쓰는 루틴이 필요함을 이렇게 설명했습니다.

> "나는 매일 20매의 원고를 씁니다. 아주 담담하게… 아침 일찍 일어나 커피를 내리고 네 시간이나 다섯 시간, 책상을 마주합니다. 하루에 20매의 원고를 쓰면 한 달에 600매를 쓸 수 있습니다. 단순 계산하면 반년에 3,600매를 쓰게 됩니다… 긴 세월 동안 창작 활동을 이어가려면, 지속력이 필요합니다. 거기에 대한 내 대답은 한 가지, 아주 심플합니다. ─기초체력이 몸에 배도록 할 것"

좋은 소설가가 되기 위해서 하루키는 매일 4~5시간을 앉아서 글을 쓰고, 글을 쓰기 위해 달리기를 한다는 말에 큰 도전을 받았고 부끄러움을 느꼈습니다. 좋은 질은 언제나 많은 양에서 나오는 법입니다. 그날 이후로 하루키처럼 4~5시간 글을 쓸 수는 없지만 하루에 한 가지 하나님이 내게 말씀해주시는 것을 기록해야겠다고 다짐했습니다. 그렇게 매일 글을 읽고 느낀 점을 썼고, 사람을 만나면 그 사람을 통해 배운 내용이나 인사이트들을 기록했습니다. 이런 습관이 내게 준 복은 말로 다 할 수 없을 만큼 컸습니다. 하나님이 오늘 내게 말씀해주신다는 생각을 가지고 하루를 살게 되면 내가 만나는 사람, 내게 주어진 작은 일상도 그냥 지나가는 사건이 아니라 하나님의 손길이며 내게 말씀하시는 교훈이며 그리스도를 닮아가는 훈련의 시간이 됩니다.

그렇게 하루에 한 가지에 집중했는데 벌써 10년이라는 시간이 흘렀습니다. 묵상의 글을 매일 쓰기도 했고, 일기처럼 감정을 쏟아놓기도 했고, 읽은 책들을 정리하기도 했습니다. 두서없고 정리되지 않은 글이었지만 어쨌든 매일 쓰는 것에 집중하며 쓰기 시작했는데, 5년 정도 지난 이후부터 다양한 곳에서 원고를 청탁하기도 했고 여러 주제의 아티클들을 쓰기도 했습니다. 특별한 인사이트가 있거나 탁월한 문장은 아니었지만, 주위의 좋은 분들의 격려가 힘이 되었습니다. 또 돌아보면 그 시간은 내게 하나님과 소중한 추억을 쌓는 시간이었고 그 과정을 통해 많은 위로와 은혜를 누리는 치유와 회복의 시간이었습니다.

여기 소개된 글들은 국민일보 겨자씨 코너에 2년 동안 매주 토요일에 연재했던 글들을 다시 묶은 것입니다. 신문 지면의 한계로 좀 더 설명하지 못했던 부분을 보완했고, 몇 개의 글들을 새로 추가했습니다. 처음 국민일보 겨자씨 코너에 두 번째 글이 소개되었을 때 벌써 출판을 권유하셨던 부장님의 무모한 용기가 없었다면 아마 다시 책으로 나오지는 못했을 것 같습니다. 최규식 부장님과 투박한 원고에 아름다운 옷을 입혀주신 디자이너 임현주 님께도 감사드립니다. 이 책이 나오기까지 수고하시는 모든 분께도 감사의 마음을 전합니다.

추천사를 써 주신 이찬수 목사님께도 감사드립니다. 만남이 하나님의 섭리이며 선물임을 목사님 통해서 깊이 느끼고 있습니다.

하나님이 내게 주신 가장 귀한 은혜이자 축복인 아내 이상은과 아들 시우에게도 고마운 마음을 전합니다. 가족들의 기도와 격려가 아니었다면 제 인생은 여기까지 오지 못했을 것입니다. 늘 부족한 나를 목회자로 세워주고 기도해주시는 그사랑교회 성도님들께도 감사드립니다. 여기 소개된 모든 글은 성도님들이 나누어준 삶의 고민에 대해 함께 찾아간 복음의 적용들입니다.

이 묵상집을 읽는 모든 분들에게 하나님의 은혜가 함께 하시기를 기도합니다.
복음은 모든 것을 변화시킵니다.

2024년 11월
고상섭

목차

1부

2부

1부

성화의
방법

성화에 대해 여러 말을 듣지만, 정작 어떻게 하면 거룩해지는가
에 관한 명확한 가르침은 많지 않습니다. '이것만 하면 성화 될
수 있다'는 손쉬운 해답을 제시하기도 하지만, 인간의 삶은 애매
하고 복잡하기에 단순한 처방으로는 쉽게 변화되기 힘듭니다.

미국 웨스트민스터신학교 상담학 교수 데이비드 폴리슨은 삶의
변화에 관한 실제적인 길을 제시합니다. 첫째, 성화는 점진적이
라는 것입니다. 사람은 한 번의 체험으로 변화되지 않습니다. 사
람의 성장에는 언제나 시간이 필요합니다. 우리를 구원한 과거
의 은혜와 구원을 완성할 미래의 은혜가 오늘 우리의 삶을 거룩
하게 만듭니다. 둘째, 성화는 일상에서 이뤄집니다. 성화에 관한
잘못된 오해는 영적이고 종교적인 면만을 추구하는 것입니다.

성화는 일상에서 벗어난 신비한 영성을 추구하는 것이 아니라,
사람을 사랑하며 타인에 관한 이해가 깊어지는 과정입니다. 그
결과 더 좋은 가족이자 친구, 사회 구성원으로 살아가게 됩니다.
변화는 인간의 노력이 아닌 하나님으로부터 시작합니다. 또 인
내하며 지속적으로 우리 삶에 개입하는 그분의 열심 때문에 우
리 삶은 변화됩니다.

"오직 너희를 부르신 거룩한 이처럼 너희도 모든 행실에 거룩한 자가 되라"_베드로전서 1:15

1월 1일

4월 1일

7월 1일

10월 1일

하나님 나라와
나의 삶

성경 통독을 통해 얻는 가장 큰 유익은 역사에 대한 인식이 변화되는 것입니다. 오늘날 우리는 두 종류의 역사 안에서 동시에 살아가고 있습니다. 하나는 자신이 두 발을 딛고 살아가는 대한민국의 역사이고, 하나는 보이지 않지만 지금도 흐르는 성경의 역사 즉 하나님의 역사입니다. 이것을 깨닫는 순간이 바로 '소명'의 순간일 것입니다. 단지 보이는 세상 속에서 직장을 다니고, 결혼하고, 교회 생활을 하는 삶이 아니라, 그 모든 것이 하나로 연결되는 하나님 나라의 사명자로 부르심을 깨닫게 됩니다. 하나님의 나라는 초라해 보이는 내 삶의 작은 일상 뒤쪽으로 유유히 흐르고 있습니다. 아무것도 아닌 나의 일상의 순종을 통해 하나님은 하나님의 역사를 이루시는 분이십니다. 작은 퍼즐 조각 같은 인생이지만, 마지막 날엔 아브라함으로부터 시작되어 예수님의 재림으로 완성되는 하나님 나라의 위대한 작품 속의 한 조각이 되어 아름다운 구원의 역사 속에 동참할 것입니다. 하나님 나라는 내 삶의 뒤편에서 오늘도 유유히 흐르고 있습니다.

"이르시되 미련하고 선지자들이 말한 모든 것을 마음에 더디 믿는 자들이여 그리스도가 이런 고난을 받고 자기의 영광에 들어가야 할 것이 아니냐 하시고 이에 모세와 모든 선지자의 글로 시작하여 모든 성경에 쓴 바 자기에 관한 것을 자세히 설명하시니라" _누가복음 24:25-27

1월 2일

4월 2일

7월 2일

10월 2일

고난의
신비

고난이 다가올 때 사람들은 대개 두 가지 반응을 합니다. 첫째는 '고난으로 인해 인생 모든 것이 무너졌어'라며 낙심하는 반응입니다. 둘째는 고난을 통해서 다른 사람들보다 더 고귀한 사람이 됐다는 교만한 반응입니다. 고난이 있다고 반드시 저주를 받은 것도 아니고, 고난을 통과했다고 다른 사람보다 더 대단한 사람이 되는 것도 아닙니다.

사도 바울은 아시아에서 힘에 겨운 심한 고난을 겪어 살 소망까지 끊어졌다고 말합니다. 그리고 그 고난을 통해 "오직 죽은 자를 다시 살리시는 하나님만 의지하게 하심이라"라고 고백합니다. 고난 자체가 우리를 강한 사람이 되게 하는 게 아니라, 고난은 인간의 연약함을 드러내고 하나님만 더 의지하도록 합니다. 이리 떼 가운데 둘러싸인 양이라도 목자가 옆에 있을 때 안정감을 누리는 것처럼, 고난 자체는 인간을 강하게 하는 게 아니라 더 약한 존재임을 알게 해주고 하나님을 더 의지하게 합니다. 그래서 우리는 약할 때 강해지는 고난의 신비를 체험할 수 있습니다.

"우리는 우리 자신이 사형 선고를 받은 줄 알았으니 이는 우리로 자기를 의지하지 말고 오직 죽은 자를 다시 살리시는 하나님만 의지하게 하심이라"_고린도후서 1:9

1월 3일
_____

4월 3일
_____

7월 3일
_____

10월 3일
_____

영적 승리는 대결이 아닌
삶으로 이기는 것

상담가 데이비드 폴리슨은 그의 유작 《일상의 영적 전쟁》(토기장이)에서 영적 전쟁을 마귀와의 능력 대결로 설명하지 않습니다. 마귀가 영적 전쟁을 통해 노리는 곳은 바로 우리의 생각이기 때문입니다. 폴리슨 자신도 20대 시절 예수님을 영접하려고 할 때 '너는 너무 더러워, 소망이 없어, 하나님은 절대 너를 받아주지 않을 거야'라는 생각 때문에 예수님을 영접하기 어려웠다고 고백합니다. 치열한 영적 전쟁이 시작된 것입니다. 예수님께 자신의 부끄러운 부분까지 받아 달라고 기도하자 평안이 찾아왔습니다. 이런 자신의 경험을 토대로 마귀가 주는 영적 전쟁의 핵심은 생각 속에 거짓된 신념을 심어주는 것이라 확신했고, 상담 과정에서 이를 극복해가는 과정들을 알려줍니다.

마귀는 평범한 일상 속의 상황과 사람들을 통해 거짓된 생각을 심어줍니다. 이런 마귀의 공격을 극복하려면 인간의 노력이나 기술이 아니라 복음을 적용해야 합니다. 일상이라는 생각의 싸움에서 예수님을 닮아가는 긴 과정을 통해 우리는 영적 전쟁에서 승리할 수 있습니다. 영적 전쟁은 능력 대결이 아니라 성령 안에서 순종하며 살아가는 성화의 과정입니다. 마귀가 노리는 것은 한 평도 안 되는 우리의 생각입니다.

"마귀의 간계를 능히 대적하기 위하여 하나님의 전신 갑주를 입으라 우리의 씨름은 혈과 육을 상대하는 것이 아니요 통치자들과 권세들과 이 어둠의 세상 주관자들과 하늘에 있는 악의 영들을 상대함이라 그러므로 하나님의 전신 갑주를 취하라 이는 악한 날에 너희가 능히 대적하고 모든 일을 행한 후에 서기 위함이라"_에베소서 6:11-13

1월 4일

4월 4일

7월 4일

10월 4일

힘들지만
영광스러운 인생

철학자 한병철 교수는 《고통 없는 사회》(김영사)에서 오늘날 사회를 '좋아요의 사회'라고 진단합니다. 'SNS의 좋아요'는 단순히 소셜 미디어의 표시가 아니라 하나의 사회 현상이라 말합니다. 그런 사회가 가지는 문제점은 "고통이 줄 수 있는 모서리나 귀퉁이, 갈등이나 모순을 없애야 하는 사회이며 고통이 성숙을 가져온다는 사실을 잊어버린 사회"라고 통렬히 비판합니다.

팀 켈러 목사도 현대인은 이전 시대 사람들보다 어려움 앞에 더 무기력한 경향이 있는데 이것은 서구 문화가 가져온 세속적 관점 때문이라 말합니다. 행복을 안겨주는 삶을 세상의 물질세계만으로 축소해 생각하기 때문에 고난은 인생에서 불필요한 부분 정도로 취급됩니다.

신앙이란 힘들지 않은 삶이 아니라, 힘들지만 영광스러운 삶입니다. 예수님은 하나님의 아들이시지만 고난과 순종을 통해 온전하게 되셨습니다. 힘들지 않은 인생을 추구하지 마십시오. 인생은 힘들지만 영광스러운 것입니다.

"그가 아들이시면서도 받으신 고난으로 순종함
을 배워서 온전하게 되셨은즉 자기에게 순종하
는 모든 자에게 영원한 구원의 근원이 되시고"
_히브리서 5:8-9

1월 5일

4월 5일

7월 5일

10월 5일

믿음은
사고하는 것이다

예수님은 무엇을 먹을까, 무엇을 입을까 염려하지 말라 하시면서 공중의 새와 들의 백합화가 어떻게 자라는가 '생각해 보라' 말씀하십니다. 마틴 로이드 존스 목사는 저서 《산상수훈강해》(CH북스)에서 "믿음은 사고하는 것이며, 믿음이 없는 것은 사고하지 않는 것"이라 말합니다. 견고하게 믿음이 다져진 사람은 어려운 현실 때문에 부정적인 생각이 밀려올 때도 사고하기를 포기하지 않습니다. 그리고 하나님의 말씀으로 인해 힘을 얻습니다. 그러나 믿음이 적은 사람들은 사고하지 않고 환경과 감정이 밀려오는 대로 생각하며 절망합니다. 두려움은 환경의 문제가 아니라 사고하지 않는 문제입니다.

믿음이란 보이는 세상의 두려움과 보이지 않는 세상의 하나님을 연결하는 것, 즉 치열하게 생각하고 사고하는 것입니다.

"또 너희가 어찌 의복을 위하여 염려하느냐 들의
백합화가 어떻게 자라는가 생각하여 보라 수고
도 아니하고 길쌈도 아니하느니라"
_마태복음 6:28

1월 6일

4월 6일

7월 6일

10월 6일

율법적 회개와
복음적 회개

회개 기도에도 두 가지 종류가 있습니다. 율법적 회개와 복음적 회개입니다. 율법적 회개는 죄의 징계와 심판의 두려움, 즉 자신이 지은 죄로 인한 결과 때문에.고통스러워서 그것을 해결해 달라고 기도하는 것입니다. 반면 복음적 회개는 자신의 죄로 인한 결과가 아니라 하나님의 마음을 아프게 한 사실이 고통스러워 회개하는 것입니다.

프랑스의 종교개혁자 장 칼뱅은 그의 저서 《기독교 강요》에서 하나님을 향한 경외와 사랑의 균형을 경건이라 정의하면서 "경건한 사람은 지옥이 없을지라도 하나님의 말씀에 순종하는 사람들"이라고 말합니다. 왜냐하면, 그들은 하나님의 마음을 아프게 하고 싶지 않은 사람들이기 때문입니다.

우리 신앙의 일상적 모습은 어떻습니까? 율법적 회개에 머문 채 참된 회개에서는 멀어져 있지는 않습니까? 참된 회개는 내 죄로 인한 징계와 심판의 두려움이 아니라 하나님의 마음을 아프게 한 것에 대한 통곡입니다. 죄를 이기는 회개의 능력은 두려움이 아니라 사랑에서 시작됩니다.

"하나님의 뜻대로 하는 근심은 후회할 것이 없는
구원에 이르게 하는 회개를 이루는 것이요 세상
근심은 사망을 이루는 것이니라"
_고린도후서 7:10

1월 7일

4월 7일

7월 7일

10월 7일

열정은
만족에서 나온다

사도 바울은 자신이 "모든 사도보다 더 많이 수고하였다" 말합니다. 또 그렇게 열정을 다해 더 많이 일한 이유를 자신의 열심과 노력이 아닌 하나님의 은혜라고 고백합니다. 세상은 우리에게 "넌 부족해"라고 말하면서, 우리의 결핍에 주목하게 합니다. 결핍이 있기 때문에, 부족하기 때문에 더 열심히 노력해야 한다고 채찍질합니다. 그러나 열정의 동기가 결핍이면 불안과 두려움이 우리를 이끌어가고, 노력하면 할수록 긴장과 탈진을 경험할 수밖에 없습니다.

성경은 우리의 열정이 결핍이나 부족이 아니라, 은혜의 만족에서 흘러나온다고 말합니다. 열정은 결핍에서 나온다는 세상의 목소리를 거부하며, 오늘 내 삶 가운데 은혜로 함께하시는 하나님의 목소리에 귀 기울이십시오. 건강한 열정의 동기는 결핍이 아닌 은혜로 인한 만족입니다.

"그러나 내가 나 된 것은 하나님의 은혜로 된 것이니 내게 주신 그의 은혜가 헛되지 아니하여 내가 모든 사도보다 더 많이 수고하였으나 내가 한 것이 아니요 오직 나와 함께 하신 하나님의 은혜로라" _고린도전서 15:10

1월 8일

4월 8일

7월 8일

10월 8일

하나님을
아는 지식

우리는 살아가면서 인생의 여러 가지 문제 앞에서 다양한 해결책을 간구합니다. 그러나 인간적인 생각에서 나온 해결책들은 근원적인 문제를 해결하지 못합니다.

20세기를 대표하는 복음주의 신학자 가운데 한 사람인 제임스 패커는 저서 《하나님을 아는 지식》(IVP)에서 "오늘날 교회의 연약함의 뿌리에는 하나님에 대한 무지, 곧 하나님의 도(way) 및 하나님과 교통하는 일에 대한 무지가 자리 잡고 있다"라고 지적했습니다. 그래서 '하나님에 대해 아는 것'(Knowing about God)이 아니라 '하나님을 아는 것'(Knowing God)으로 돌아가야 한다고 말합니다.

하나님을 바로 알 때 하나님이 인생의 모든 문제보다 훨씬 더 크신 분이심을 깨닫게 됩니다. 하나님 그분 자체가 아니라 하나님에 대해 아는 지식을 추구하고 있지는 않습니까? 연약한 신앙의 밑바닥에는 언제나 하나님에 대한 무지가 자리 잡고 있습니다.

"나는 인애를 원하고 제사를 원하지 아니하며 번
제보다 하나님을 아는 것을 원하노라"
_호세아 6:6

1월 9일

4월 9일

7월 9일

10월 9일

다름, 닮음, 따름

다름, 닮음, 따름이라는 단어에 제자도의 모든 것이 담겨있습니다. 다름이란, 세상이 우리에게 심어준 자아 정체성을 버리고 다른 정체성으로 살아야 한다는 것입니다. 세상은 자기를 사랑하라고 말하고, 다른 사람에게 신경 쓰지 말고 자신을 지키라고 권유하지만, 성경은 자기를 부인하라고 합니다. 그리스도가 자신의 전부를 드린 것처럼 하나님은 우리의 전부를 원하십니다.

그리스도를 닮아간다는 것은, 쉬운 일이 아닙니다. 주의 말씀 안에서 씨름해야 하는 영역입니다. 감정에 휩쓸리지 말고 주의 말씀을 붙잡고 감정을 재조정해야 합니다. 내 자아가 나를 향해 하는 말을 믿지 말고 내가 내 자아에게 말을 걸어야 합니다.

따름이란, 그리스도를 따라 살아가는 삶의 추구입니다. 예수님을 믿는다는 것은 나를 위해 희생하신 은혜만을 기억하는 것이 아니라 그리스도의 인생을 따라 살아간다는 결단입니다. 제자가 된다는 것은 구원의 은혜만을 누리는 것이 아니라 그리스도의 길을 따라 순종하는 것입니다.

우리는 세상으로부터 부름을 받은 하나님의 백성들입니다. 또한, 세상으로 보내심을 받은 그리스도의 제자들입니다. 세상과 다르게, 예수님을 닮아가며, 그분의 길을 따라가십시오.

"무리와 제자들을 불러 이르시되 누구든지 나를
따라오려거든 자기를 부인하고 자기 십자가를
지고 나를 따를 것이니라"_마가복음 8:34

1월 10일 _____

4월 10일 _____

7월 10일 _____

10월 10일 _____

참된 용기의 근원

성경에서 '담대하라'는 명령 뒤에는 늘 '하나님이 함께하신다'는 말씀이 뒤따라옵니다. 그 이유는 우리의 용기의 원천이 인간의 능력이 아니라, 하나님의 함께하심에서 시작되기 때문입니다.

하나님을 의지하지 않는 용기는 모험주의나 영웅주의에 불과합니다. 이것은 정서적 불안이나 자신의 가치를 증명하려는 절박한 마음에 뿌리를 두고 있습니다. 일시적으로 불안감을 잠재우기 위해 무모한 시도를 하거나 과도하게 자신의 능력을 어필하며 인정받으려 애쓰는 모습을 보이기도 합니다. 하지만 참된 용기는 언제나 하나님을 의지하는 마음에서 나옵니다.

여호수아에게 필요한 것은 군사 전략이 아니라 하나님을 향한 굳건한 믿음이었습니다. 용기 있는 사람은 자신의 힘을 과시하는 사람이 아니라 하나님을 의지하는 사람입니다. 두려워하지 마십시오. 하나님께서 오늘도 우리와 함께하십니다.

"강하고 담대하라 두려워하지 말며 놀라지 말라
네가 어디로 가든지 네 하나님 여호와가 너와 함
께 하느니라 하시니라" _여호수아 1:9

1월 11일

4월 11일

7월 11일

10월 11일

우상숭배와
사랑의 순서

고대교회의 교부였던 아우구스티누스는 죄를 '순서가 바뀐 사랑'(disordered love)이라고 말했습니다. 결국, 죄는 우리가 사랑하는 대상의 우선순위를 바꾸는 것입니다. 죄는 때로 선한 것처럼 우리에게 다가오기도 합니다. 나라를 사랑하는 마음, 가족을 사랑하는 마음은 모두 선한 것이지만, 그것이 하나님을 사랑하는 것보다 더 우선시 될 때 영적 우상숭배로 변질됩니다. 자녀를 사랑하는 것은 선한 일이지만, 자녀를 하나님보다 더 사랑하게 되면, 자녀가 부모의 마음에 들지 않을 때 극도의 분노로 반응하거나 낙심하게 됩니다. 내 안에 하나님보다 더 사랑하는 대상이 있다면 모두 우상숭배입니다.

그것을 파악하는 방법은 내가 무엇에 절망하는가를 보는 것입니다. 나를 절망시키는 일은 무엇입니까? 하나님이 계셔도 위로가 되지 않는 내 안의 갈망은 무엇입니까? 내 안에서 '저것만 있으면 내 삶이 의미가 있을 거야. 나도 가치 있는 사람이 될 거야'라고 속삭이는 마음이 있습니까? 하나님보다 더 사랑하는 대상, 그것이 바로 우상숭배입니다.

"너는 나 외에는 다른 신들을 네게 두지 말라"
_출애굽기 20:3

1월 12일

_____

4월 12일

_____

7월 12일

_____

10월 12일

_____

자아에게
말을 걸라

마틴 로이드 존스 목사는 영적으로 침체하는 원인에 대해, 자아
(self)에게 말하는 대신 오히려 자아의 말을 듣는 데 있다고 말합
니다. 아침에 눈을 뜰 때 바로 떠오르는 생각은 내가 의식적으
로 하는 것이 아닙니다. 그 생각이 저절로 떠올라 내게 말을 거
는 것입니다. 그러나 시편 기자는 다르게 대처했습니다. "내 영
혼아"라고 자신의 자아에게 먼저 말을 겁니다. "왜 불안해하는
가", "왜 낙심하는가"라고 질문합니다. 낙심되는 상황, 불안할
수밖에 없는 상황 속에 있지만 "하나님이 함께하시지 않는가"라
고 자신에게 말하고 있습니다. 자아의 말을 들으면서 슬퍼하거
나 낙심하지 말고, 계속해서 하나님을 상기해야 합니다. 하나님
이 누구시며 무슨 일을 하셨는지 집중하며 하나님의 말씀을 내
게 선포해야 합니다. 인생 대부분 불행의 원인은 우리가 자아에
게 말하는 대신 오히려 자아의 말을 듣는 데 있습니다.

"내 영혼아 네가 어찌하여 낙심하며 어찌하여 내 속에서 불안해 하는가 너는 하나님께 소망을 두라 그가 나타나 도우심으로 말미암아 내가 여전히 찬송하리로다" _시편 42:5

1월 13일

4월 13일

7월 13일

10월 13일

하나님이
멀게 느껴질 때

하나님이 멀게 느껴질 때도 하나님은 늘 우리와 함께하십니다. 많은 사람이 일이 잘되고 성공할 때는 하나님이 함께하신다고 고백하지만, 일이 잘 풀리지 않거나 어려움이 닥치면 하나님이 멀리 떠나 있는 것처럼 느낍니다. 릭 워렌 목사는 《목적이 이끄는 삶》(디모데)에서 하나님이 우리와 함께 계시다는 것은 사실이지만, 우리가 느끼는 것은 단지 감정일 뿐인데 믿음(Faith)이란 감정(Feeling)이 아니라 사실(Fact)을 따르는 것이라고 말했습니다. 결국, 우리 믿음이 성장하는 길 중 하나는 하나님이 멀게 느껴질 때도 하나님께 나아가는 것입니다.

예수님은 십자가에서 "나의 하나님, 나의 하나님, 어찌하여 나를 버리셨나이까"(마 27:46)라고 고백했습니다. 죄가 없으신 그분이 하나님께 버림을 받으심으로, 죄로 인해 하나님과 멀어질 수밖에 없는 우리가 하나님과 관계를 회복하게 되었습니다. 감정이 주인이 되지 않게 하십시오. 내가 하나님을 어떻게 느끼는 것과 상관없이 하나님은 우리와 함께하시고 끝없는 사랑으로 사랑하시는 분이십니다. 우리는 결코 하나님과 멀어질 수 없습니다.

"여호와여 돌아오소서 언제까지니이까 주의 종
들을 불쌍히 여기소서" _시편 90:13

1월 14일

4월 14일

7월 14일

10월 14일

참
아름다워라

예술이 없다면 우리 인생은 삭막할 것입니다. 예술은 단순히 우리의 눈과 귀와 마음을 즐겁게 하는 오락의 도구가 아니라, 우리 안에 보이는 세상으로는 채울 수 없는 삶의 갈망이 있음을 깨닫게 해주고, 영원과 하늘로 관심을 돌리게 해주는 아름다움의 파편입니다. 인간은 모두 아름다움을 향한 갈망을 가지고 있습니다. 왜냐하면, 타락으로 인해 참된 아름다움의 본류이신 삼위일체 하나님으로부터 멀어졌기 때문입니다.

예술은 그 잃어버린 아름다움을 발견하게 해줍니다. 틈새로 하나님의 영광을 보여주는 것이며, 천국의 물방울을 우리에게 맛보게 해줍니다. 세상에 있는 모든 아름다움은 결국 하나님의 아름다움의 반영입니다. 하나님을 알아갈수록 우리는 세상에 있는 모든 것을 누릴 수 있고 예술 또한 사모할 수밖에 없습니다. 믿음의 눈을 들면 온 세상이 하나님의 영광과 아름다움으로 가득 차 있습니다. 그러니 어찌 노래하지 않을 수 있겠습니까!

"무성하게 피어 기쁜 노래로 즐거워하며 레바논의 영광과 갈멜과 사론의 아름다움을 얻을 것이라 그것들이 여호와의 영광 곧 우리 하나님의 아름다움을 보리로다" _이사야 35:2

1월 15일

4월 15일

7월 15일

10월 15일

의무를 통해
기쁨으로 나아가라

영국의 신학자 제임스 패커는 기도를 '의무를 지나 기쁨에 이르는 길(Through duty to delight)'이라고 정의합니다. 이 정의가 어떻게 느껴지시나요? 기도의 시작은 흘러넘치는 은혜가 아니라 막막함입니다. 이것은 오늘날 현대인들이 가지는 마음 상태를 말해줍니다. 영적인 공허함 가운데 살아가고 있지만 기도하기 전까지는 그것을 알지 못합니다. 이유는 분명합니다. 너무 분주한 삶을 살아가기 때문입니다. 사도 바울은 "기도에 나와 힘을 같이하여"(롬 15:30)라고 말하면서 '애쓰고 힘쓰며' 기도해야 한다고 말합니다. 《영혼의 기도》(복있는사람)의 저자 피터 포사이스는 "지금은 성령 충만하지 않아서 기도할 수 없다고 말하지 말라. 성령으로 충만해질 때까지 기도하라"는 말을 남겼습니다. 의무를 다하는 기도를 시작할 때 비로소 기쁨에 이르는 길을 찾게 됩니다. 기도란 의무를 지나 기쁨에 이르는 길입니다. 감정이 주인이 될 때 기도는 뿌리를 내리지 못합니다. 의무를 다하는 기도를 시작합시다. 참된 기쁨은 언제나 의무로부터 시작됩니다.

"형제들아 내가 우리 주 예수 그리스도와 성령의 사랑으로 말미암아 너희를 권하노니 너희 기도에 나와 힘을 같이하여 나를 위하여 하나님께 빌어" _로마서 15:30

1월 16일

4월 16일

7월 16일

10월 16일

하나님의 말씀과
성품을 분리하지 말라

뱀의 유혹에 하와는 하나님의 말씀을 어기고 금단의 열매를 따먹습니다. 뱀의 말의 핵심은 "하나님은 너의 자유를 제한하는 분이시다"라는 것입니다. 하와의 마음 안에 하나님 말씀에 대한 의심을 심어줍니다. 모든 죄는 하나님의 말씀과 하나님의 성품을 분리하는 생각으로부터 시작됩니다. 내가 이해하기 어려운 말씀 앞에서 우리는 자신이 원하는 대로 하나님 말씀을 오해하기도 하고 왜곡하기도 합니다.

그러나 하나님의 성품과 말씀이 분리되지 않으면, 나를 사랑하시는 그분이 내게 말씀하신 것이기 때문에 이해되지 않아도 신뢰할 수 있게 됩니다. 하나님의 말씀 속에서 우리는 하나님의 성품을 묵상해야 합니다. 그것이 의심될 때마다 그리스도의 십자가를 바라보십시오. 나를 위해 자신의 목숨을 버리신 그분의 사랑이 선명하게 우리를 비춰주고 있습니다. 모든 죄의 시작은 그분의 성품과 그분의 말씀이 분리되는 것에서 시작됩니다. 나를 위해 목숨을 버리신 그분의 말씀이 내게 좋지 않은 결과를 줄수가 있겠습니까?

"그런데 뱀은 여호와 하나님이 지으신 들짐승 중에 가장 간교하니라 뱀이 여자에게 물어 이르되 하나님이 참으로 너희에게 동산 모든 나무의 열매를 먹지 말라 하시더냐"_창세기 3:1

1월 17일

4월 17일

7월 17일

10월 17일

인생의 목적은
성취가 아니라 관계

오늘날 베스트셀러 책과 자기계발서를 보면 '더 많은 성취를 위해 더 높은 목표를 세우라'고 말합니다. 그 목표에 도달하기 위해 더 노력할 것을 권유합니다. 그러나 성경은 인생의 목적이 자기 자신으로부터 시작돼서는 안 된다고 말합니다. 어떤 제품을 사용할 때 사용설명서를 읽어야 제대로 작동하듯이, 인간도 스스로 목표를 세우고 계획하는 것이 아니라 우리를 만드신 하나님께 나아가 성경이라는 사용설명서를 통해 자신이 무엇을 위해 존재하는지, 어떤 소명이 있는지를 발견해야 합니다.

오늘날 문화는 자신이 주인이 되어 스스로 자신의 인생을 개척해야 한다고 말하고, 참된 자기가 되라고 소리를 높입니다. 그러나 하나님이 원하시는 인생의 목적은 하나님을 사랑하고 이웃을 사랑하는 것입니다. 인생은 더 많은 성취를 위해 존재하는 것이 아니라, 더 깊고 넓은 관계를 위해 존재하는 것입니다. 무엇을 위해 인생을 살아가십니까? 더 많은 성공과 성취입니까? 아니면 하나님을 사랑하고 이웃을 사랑하는 관계입니까?

"대답하여 이르되 네 마음을 다하며 목숨을 다하
며 힘을 다하며 뜻을 다하여 주 너의 하나님을 사
랑하고 또한 네 이웃을 네 자신 같이 사랑하라 하
였나이다" _누가복음 10:27

1월 18일

4월 18일

7월 18일

10월 18일

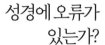

성경에 오류가 있는가?

성경의 무오성에 대해 여러 가지 논란이 있습니다. 그러나 오늘 본문에는 아브라함의 자손을 기록할 때 단수와 복수의 구분도 영감(靈感)이 됐다고 말합니다. 글자 하나하나가 영감이 됐다는 말입니다. 그러나 성경 곳곳에는 모순처럼 보이는 내용이 존재합니다.

성경에 '오류'가 있다고 말할 때, '오류'라는 단어의 의미를 어떻게 사용하느냐가 중요합니다. 성경은 '허위(Falsehood)'가 아니라 '사물 및 현상의 묘사나 기술의 불일치(Discrepancy)'가 존재합니다. 이것은 성경 원본을 필사하는 과정에서의 오류일 뿐입니다. C. S. 루이스는 "인간 능력의 부족을 인정하면서 양립 가능한 두 상태를 모두 견지하는 편이 지혜롭다"고 말합니다. 인간의 이성으로 갈 수 있는 곳까지 가야 하지만 그 이상은 믿음이 우리를 인도해야 합니다. 하나님을 믿는다는 것은 하나님의 말씀인 성경의 권위를 인정하는 것부터 시작합니다. 성경은 정확무오한 하나님의 말씀입니다.

"이 약속들은 아브라함과 그 자손에게 말씀하신 것인데 여럿을 가리켜 그 자손들이라 하지 아니하시고 오직 한 사람을 가리켜 네 자손이라 하셨으니 곧 그리스도라" _갈라디아서 3:16

1월 19일

4월 19일

7월 19일

10월 19일

부조리한 세상에서
감사하기

팀 켈러는 《오늘을 사는 잠언》(두란노)에서 지혜서에는 인생을 향한 세 가지 통찰이 있다고 말합니다.

잠언에서는 세상은 하나님의 질서가 있다고 말합니다. 그런데 전도서를 보면 세상은 질서가 무너진 부조리한 것처럼 보인다고 말합니다. 악인이 잘되고 의인이 망하기도 합니다. 이것은 잠언에서 말하는 것과는 반대가 되는 질서가 교란된 상태를 보여줍니다. 그러나 욥기를 보면 인간의 눈에는 교란되어 보이는 부조리한 세상이지만 그 속에는 인간이 알 수 없지만 여전히 하나님의 질서가 숨겨져 있다고 말합니다.

인생 속에는 하나님의 분명한 질서가 있는데, 살다 보면 부조리한 세상 속에서 그 질서가 왜곡되어 있다고 느낄 때가 많습니다. 그러나 부조리한 세상 속에서도 하나님의 질서는 숨겨져 있으며 여전히 주권적으로 통치하신다는 것을 신뢰해야 합니다. 그러한 세상 속에서 감사하려면 숨겨져 있는 하나님의 주권, 그 하나님의 질서를 볼 수 있는 눈이 있어야 합니다. 그리스도의 십자가는 사람의 눈으로 보면 실패인 것 같지만, 그리스도의 죽음을 통해 악을 정복하시는 하나님의 지혜와 섭리를 보여줍니다. 보이지 않아도 하나님은 여전히 선하게 일하고 계십니다.

"지혜 있는 자는 듣고 학식이 더할 것이요 명철한 자는 지략을 얻을 것이라. 잠언과 비유와 지혜 있는 자의 말과 그 오묘한 말을 깨달으리라"
_잠언 1:5-6

1월 20일

4월 20일

7월 20일

10월 20일

어려움과
영적 성장

성경에서 말하는 평안이란 감정적으로 요동이 없는 상태가 아닙니다. 말씀을 읽고 기도를 할 때 마음의 평온함이나 요동하지 않음을 목표로 한다면 아마도 도교에 가까울 것입니다. 영적 성장은 단순히 말씀을 읽고 기도하고 예배를 드리는 그 순간에 일어나는 것이 아니라, 그 은혜를 삶의 환경 속에서 적용할 때 일어납니다. 성경은 사랑을 단순히 감정적 평온한 상태라고 말하지 않고, 사랑은 오래 참는 것이라고 말합니다. 오래 참는 것은 힘겨운 과정입니다.

참된 평안은 평안하지 못한 상황 속에서 하나님의 임재를 누릴 때 생깁니다. 참된 기쁨은 기뻐하지 못하는 상황 속에서 하늘의 기쁨을 누릴 때 생깁니다. "범사에 감사하라"(살전 5:18)는 말씀은 기뻐하지 못하고, 감사하지 못하는 상황에서도 감사를 선택하라는 말입니다. 신앙의 성장은 평안한 환경에서 이루어지는 것이 아닙니다. 감정이 요동치는 선택의 순간에서 하나님의 말씀에 순종하며, 하나님의 임재를 누릴 때 이루어집니다. 이 땅에서 경험하는 모든 갈등과 어려움은 결국 우리를 더욱 성장시키시는 하나님의 도구입니다.

"고난 당한 것이 내게 유익이라 이로 말미암아
내가 주의 율례들을 배우게 되었나이다"
_시편 119:71

1월 21일

4월 21일

7월 21일

10월 21일

고난받은
위로자

팀 켈러 목사는 저서 《예수, 예수》(두란노)에서 예수님의 성육신 의미 중 하나는 '우리의 고난 중에 위로를 주시는 것'이라 말합니다. 암에 걸린 사람에게 가장 큰 위로는 암에 걸렸다가 회복된 사람일 것입니다. 깊은 공감이 이뤄지면서 자신의 아픔을 이해하는 사람이 있다는 위로를 경험할 수 있게 됩니다. 예수님은 이 땅에 오셔서 수많은 고통을 겪으셨습니다.

예수님께서 당하신 고난의 이유는 우리의 죄를 속량하기 위해서이기도 하지만, 우리를 이해시키기 위해서이기도 합니다. 하나님이 자신의 기도를 외면했다고 말하는 사람들을 예수님은 겟세마네에서 거절당한 기도의 아픔으로 위로해주십니다. 예수님이 우리가 겪는 모든 시험을 겪으셨기에 우리는 위로를 받을 수 있습니다. 켈러 목사는 이렇게 말합니다. "기독교의 하나님은 당신이 지나온 모든 자리를 친히 지나오신 분이시다. 지금 당신이 처한 어둠은 물론 그보다 더한 곳까지도 그분은 통과하셨다. 그래서 당신은 그분을 신뢰하고 의지할 수 있다. 그분은 다 아시며 당신을 위로하고 힘주시며 끝까지 붙들어 주신다."

"그리스도의 고난이 우리에게 넘친 것 같이 우리가 받는 위로도 그리스도로 말미암아 넘치는도다"_고린도후서 1:5

1월 22일

4월 22일

7월 22일

10월 22일

평안이 올 때까지
생각하라

사도 바울은 하나님의 평강에 대해 언급하면서 "이것들을 생각하라"(빌 4:8~9)고 말합니다. 여기서 말하는 '생각하라'는 말의 원어 뜻은 '계산하다' '회계하다'라는 의미를 담고 있습니다. 수학 문제를 풀 듯 꼼꼼하게 따지면서 생각하라는 말입니다. 인생에서 평안하지 못하게 하는 어려움이 밀려올 때 자기계발서나 동기부여 강의들을 보면 부정적인 생각, 어려운 생각 등을 '버리라'고 합니다. 그러나 하나님의 평강은 생각의 부재가 아니라 하나님의 임재를 통해 오는 것입니다.

바울은 우리에게 더 깊이 생각하고 사고할 것을 권유합니다. 어려움과 고난 앞에서 하나님의 말씀을 붙들고 하나님의 평강이 임할 때까지 끝까지 사고해야 합니다. 어려움 앞에서 생각을 포기하면, 환경과 감정의 노예가 되어 더 깊은 우울과 좌절로 낙심에 이르게 됩니다. 하나님의 평강은 가만히 안락의자에 앉아 있는 상태에서 임하지 않습니다. 어려움 속에서 말씀 생각하기를 놓지 않을 때 비로소 임하는 것입니다. 하나님의 약속을 포기하지 말고 생각하십시오. 그러면 평강의 하나님께서 우리와 함께하실 것입니다.

"육신의 생각은 사망이요 영의 생각은 생명과 평
안이니라" _로마서 8:6

1월 23일
_____

4월 23일
_____

7월 23일
_____

10월 23일
_____

시편을 통한
기도

시편은 '기도의 스승(master)'이라는 말이 있습니다. 수많은 교회 역사 속 믿음의 선배들은 시편을 통해 기도했고 기도를 배웠습니다. 어떤 이들은 성경에 시편이 있는 이유를 의아해하기도 합니다. 모든 성경은 하나님이 인간에게 하신 말씀인데, 시편은 인간의 기도를 모은 것이기 때문입니다. 그러나 시편은 단순한 인간의 기도가 아닙니다. 시편은 이미 하나님이 우리에게 하신 말씀에 대해 '응답하는 기도'이며 '반응하는 기도'입니다. 총 다섯 권으로 구성된 시편은 모세오경으로 비유되는 구약성경의 응답이기도 합니다.

유진 피터슨 목사는 "기도의 핵심은 우리 자신을 표현하는 법을 배우는 것이 아니라, 하나님께 응답하는 법을 배우는 것"이라고 말했습니다. 시편을 묵상하면서 기도해보십시오. 다채로우신 하나님을 경험할 수 있게 됩니다. 나 자신의 경험뿐 아니라 많은 시편 기자들이 만났던 성경의 하나님을 경험할 수 있습니다. 시편을 통해 기도해보십시오. 시편은 우리를 기도의 바다로 인도하는 안내자이며, 하나님께 응답하는 기도를 배우게 하는 기도의 교과서입니다.

"구하오니 주의 종에게 하신 말씀대로 주의 인자
하심이 나의 위안이 되게 하시며" _시편 119:76

1월 24일

4월 24일

7월 24일

10월 24일

우리를 지켜주는
공동체

팀 켈러는 소그룹에 참여하는 사람들이 주일예배에 참여하는 사람의 절반에 못 미치는 교회는 공동체가 아니라 소비자 문화센터로 변질되어 간다고 경고합니다.

소비자 문화센터와 공동체의 차이는 무엇입니까? 소비자 문화센터에 가는 목적은 어떤 기술, 즉 자신에게 유익한 무엇을 배우러 갑니다. 소비자 문화센터 같은 교회는 큐티가 부족하면 큐티학교, 기도가 부족하면 기도 학교 등 양육 과정이 많지만, 서로의 인격적 교제가 없습니다. 결국, 소비자 문화센터와 공동체의 차이는 인격적 만남이 있는지 없는지로 판가름 납니다.

사람은 강의를 통해 변화되지 않습니다. 지혜와 성품이 자라는 것은 예배나 개인 경건, 강의나 설교가 아닌 인격과 인격이 만나는 공동체라는 장에서 이루어집니다.

인간은 홀로 신앙생활하도록 창조된 사람들이 아니라 삼위일체의 관계성 안에서 누리는 행복을 나누도록 창조되었습니다.

개인은 연약합니다. 우리를 지켜주는 것은 공동체입니다. 공동체 안에서 서로 사랑하는 과정을 통해, 때로는 갈등을 통해서 우리는 자라게 됩니다. 우리 교회가 지향하는 곳은 어디입니까?

"어느 때나 하나님을 본 사람이 없으되 만일 우리가 서로 사랑하면 하나님이 우리 안에 거하시고 그의 사랑이 우리 안에 온전히 이루어지느니라" _요한일서 4:12

1월 25일

4월 25일

7월 25일

10월 25일

바쁨이 초래하는 3가지 위험

케빈 드영 목사는 저서《미친 듯이 바쁜》(부흥과개혁사)에서 몸이 아프면 육체적 신호가 오듯 바쁜 삶을 살다 보면 영적으로 위험하다는 신호가 온다고 말했습니다.

첫째, 기쁨이 사라집니다. 그리스도인의 삶의 특징은 '기쁨'입니다. 기쁨이 사라지면 감사가 사라지고 영적 침체에 빠지게 됩니다. 둘째, 마음을 잃어버리게 됩니다. 늘 마음속에 염려가 가득 차서 하나님을 생각할 공간을 확보하지 못하게 됩니다. 셋째, 영혼의 부패가 감춰집니다. 만족감을 누리지 못하고 의욕이 상실되고 인간관계의 갈등이라는 다양한 문제들이 일어납니다. 이 모든 것이 '바쁨'이라는 뿌리에서 발생합니다.

영국의 존 스토트 목사는 한 달에 하루를 '고요한(Quiet) 날'로 정하고 종일 침묵과 기도, 써야 할 편지, 깊이 생각해야 할 문제들을 조용히 처리하는 날로 보냈습니다. 그는 이 하루의 안식을 통해 인생을 하나님 앞에서 쫓기지 않고 최선을 다해 살아갈 수 있었습니다.

너무 바쁜 삶을 살아가고 있지는 않습니까? 미친 듯이 바쁜 세상 속에서 바른길을 걸어가려면 하나님 앞에 고요한 안식의 시간이 필요합니다.

"마르다는 준비하는 일이 많아 마음이 분주한지
라 예수께 나아가 이르되 주여 내 동생이 나 혼자
일하게 두는 것을 생각하지 아니하시나이까 그
를 명하사 나를 도와 주라 하소서"
_누가복음 10:40

1월 26일

4월 26일

7월 26일

10월 26일

믿음은 보이지 않는 현실이다

믿음은 보이지 않는 현실입니다. 우리의 시야가 보이는 세상에만 집중하면 현실의 두려움을 이길 수가 없습니다. 골리앗이 엘라 골짜기에 등장했을 때 이스라엘 병사들은 두려워 떨었습니다. 어린 다윗 한 사람만 담대하게 골리앗 앞에 섰습니다. 이스라엘 병사 중에 다윗보다 더 힘이 있는 사람들은 많았을 것입니다. 그러나 그들은 현실에 보이는 두려움의 문제를 극복하지 못했습니다.

유진 피터슨은 "상상력이 지배당하면 선한 것과 아름다운 것을 볼 수 없게 된다"고 말했습니다. 믿음은 현실 너머의 것을 보게 합니다. 골리앗이 거대해 보이지만 크신 하나님을 바라볼 때 모든 문제는 작아집니다. 현실의 문제가 커 보여서 두려워하고 있지는 않습니까? 문제보다 더 크신 하나님을 바라보아야 합니다. 믿음은 거룩한 상상력이며, 보이지 않지만 보이는 것보다 더 생생한 현실이며 실체입니다. 눈에 보이는 골리앗이 더 가까이 있습니까? 아니면 눈에 보이지 않는 하나님이 나와 더 가까이 계십니까?

"다윗이 곁에 서 있는 사람들에게 말하여 이르되
이 블레셋 사람을 죽여 이스라엘의 치욕을 제거
하는 사람에게는 어떠한 대우를 하겠느냐 이 할
례 받지 않은 블레셋 사람이 누구이기에 살아 계
시는 하나님의 군대를 모욕하겠느냐"
_사무엘상 17:26

1월 27일

4월 27일

7월 27일

10월 27일

결단이 아니라
은혜입니다

결단했던 일이 이루어지지 않을 때 자신에 대해 실망하기도 하고, 또 마음을 새롭게 해서 새로운 계획을 결단하기도 합니다.

그러나 삶의 진정한 변화는 인간의 결단을 통해 이루어지지 않습니다. 베드로는 예수님을 만났을 때 이렇게 고백합니다. "밤이 새도록 수고하였으되 잡은 것이 없지마는"(눅 5:5). 이것이 인간이 경험하는 노력의 한계입니다. 더 바쁘게, 더 열심히, 더 많은 결단과 노력이 해답이 아닙니다. 《슬로우 영성》(두란노)의 저자인 존 마크 코머는 "너무 바쁜 삶의 해법은 더 많은 시간이 아니라, 삶의 속도를 늦추고 가장 중요한 것을 중심으로 삶을 단순화하는 것"이라고 말합니다.

우리에게 가장 필요한 것은 더 많은 결단이 아니라 은혜입니다. 하나님과 더 많은 시간을 가지며 누리는 영혼의 안식이 필요합니다. 고요히 주님 앞에 무릎으로 나아갑시다.

"하나님이 능히 모든 은혜를 너희에게 넘치게 하
시나니 이는 너희로 모든 일에 항상 모든 것이 넉
넉하여 모든 착한 일을 넘치게 하게 하려 하심이
라"_고린도후서 9:8

1월 28일

4월 28일

7월 28일

10월 28일

행복하신 하나님의
복을 누리라

존 파이퍼 목사는 저서 《하나님의 기쁨》(두란노)에서 오늘 말씀에
나오는 복되신 하나님의 영광을 '행복한 하나님의 기쁜 소식'으
로 번역합니다. 만약 하나님이 불행하신 분이라면 우리는 행복
한 삶을 누리지 못할 것입니다. 그러나 하나님은 삼위일체의 관
계적 행복으로 충만하신 분이십니다. 그리고 그 행복을 나눠주
기 위해 세상을 창조하셨습니다.

부모가 자녀에게 바라는 한 가지가 있다면 그 자녀의 행복일 것
입니다. 부모님을 기쁘게 하려고 어렵게 사는 자녀를 볼 때 부모
의 마음이 아프듯, 하나님을 기쁘게 하기 위하여 어려운 삶을 사
는 것을 하나님은 원치 않으십니다. 웨스트민스터 소요리문답은
인간의 제일 되는 목적이 하나님을 영화롭게 하고 그분을 영원
토록 즐거워하는 것이라 말합니다. 결국, 하나님의 영광과 인간
의 즐거움은 분리될 수 없습니다. 하나님 안에서 행복하십니까?
하나님께서 오늘 나에게 가장 원하시는 것은 성취와 성공이 아
니라 하나님과의 관계로 인한 행복입니다.

"이 교훈은 내게 맡기신 바 복되신 하나님의 영
광의 복음을 따름이니라" _디모데전서 1:11

1월 29일

4월 29일

7월 29일

10월 29일

옛 계명과
다른 한 가지

예수님은 '서로 사랑하라'는 말씀을 하시면서 '새 계명'을 준다고 말씀합니다. '서로 사랑하라'는 명령은 구약의 핵심이 되는 말씀입니다. 그렇다면 '옛 계명'이라고 말씀해야 하지만 '새 계명'이라고 말씀하고 있습니다. 구약에서 말하는 '서로 사랑하라'는 계명과 예수님이 말씀하시는 '새 계명'의 차이는 무엇입니까? 구약의 옛 계명은 '서로 사랑하라'는 명령을 열심히 순종했지만 결국 '내 힘으로 사랑할 수 없습니다'라는 고백으로 끝납니다. 타락으로 자기중심적인 원죄를 가지고 있는 인간은 자신의 힘으로 다른 사람을 사랑할 수 없기 때문입니다. 그래서 예수님은 우리가 사랑할 수 있도록 하기 위해 옛 계명과는 다른 한 가지를 덧붙이셨습니다. "내가 너희를 사랑한 것 같이"라고 말씀하십니다. 다른 사람을 사랑하기 위해 필요한 것은 인간적 노력이 아니라 하나님이 나를 사랑하시는 사랑입니다. 죄인 된 나를 용납하시는 그 은혜의 용납을 깊이 경험할 때 우리는 다른 사람을 용납할 수 있습니다. 만약 우리에게 사랑이 없다면 사랑의 부족이 아니라 은혜가 부족한 것입니다. 누군가를 사랑하려면, 먼저 내가 그리스도께 어떤 사랑을 받았는지를 기억하십시오.

"새 계명을 너희에게 주노니 서로 사랑하라 내가 너희를 사랑한 것 같이 너희도 서로 사랑하라 너희가 서로 사랑하면 이로써 모든 사람이 너희가 내 제자인 줄 알리라"_요한복음 13:34-35

1월 30일

4월 30일

7월 30일

10월 30일

절망을
이기는 방법

슬픔이 내가 이길 수 있는 고통이라면, 절망은 내가 이겨낼 수 없는 고통입니다. 이길 수 없는 절망이 몰려왔을 때 어떻게 벗어날 수 있을까요? 때로 절망은 우리 마음속의 우상을 보여줍니다. 자식을 하나님보다 더 사랑하는 사람이 있다면, 그 자식이 자신을 실망하게 할 때 무엇으로도 위로가 되지 않고 절망합니다. 결국, 우리를 절망시키는 것은 하나님보다 더 사랑하는 대상이며 내가 하나님처럼 생각하는 가짜 하나님입니다.

단순히 내가 좋아하는 것을 잃어버리게 되면 실망하게 되지만 우상으로 삼고 있던 것을 잃어버리면 삶이 붕괴됩니다. 배우자가 실망하게 했을 때, 하나님의 말씀으로도 위로가 되지 않고 하나님이 계셔도 위로가 되지 않는다면, 그것은 내가 배우자를 하나님보다 더 사랑했기 때문입니다. 절망에서 회복되는 첫 단추는 나를 절망시키는 대상을 하나님보다 더 사랑했다고 고백하는 회개로부터 시작됩니다. 하나님은 "나 외에는 다른 신을 네게 두지 말라"(출 20:3) 말씀하십니다. 하나님을 가장 사랑할 때 우리는 모든 절망으로부터 구원을 얻고, 하나님보다 더 사랑했던 대상들을 회개할 때 우리를 절망시키는 모든 우상에서 벗어날 수 있습니다.

"너를 위하여 새긴 우상을 만들지 말고 또 위로 하늘에 있는 것이나 아래로 땅에 있는 것이나 땅 아래 물 속에 있는 것의 어떤 형상도 만들지 말며"_출애굽기 20:4

1월 31일

7월 31일

10월 31일

2부

아름다움과
참된 안식

미래학자 니콜라스 카는 저서 《생각하지 않는 사람들》(청림출판)에서 인터넷이 사람들의 뇌 구조를 부정적인 방향으로 심각하게 바꾸고 있다고 경고합니다. 사회관계망서비스(SNS)와 유튜브 같은 영상 매체는 숙고와 깊이 있는 사고로 연결되지 않습니다. 또 영상 매체를 보는 것은 참된 안식과 쉼으로 인도하지 못합니다. TV를 보거나 전자기기를 사용하는 것은 일시적으로 쉬는 것처럼 보이지만 '자기 자신으로부터' 벗어나게 하지는 못합니다. 참된 쉼은 자기 자신을 객관화할 수 있는 상황에서 일상의 의미가 새로워지는 진정한 회복을 경험하는 것입니다. 하나님의 말씀 안에서 기도를 통해, 좋은 독서와 자연을 통해 아름다움을 경험할 때 우리는 자기 자신에게서 벗어나는 경험을 하게 됩니다. 예배를 통해 하나님의 아름다움에 감탄할 때, 자연을 통해 하나님이 만드신 세상을 보며 감탄할 때, 독서를 통해 깊은 깨달음을 얻을 때 참된 쉼을 누릴 수 있습니다. 늘 피곤한 삶을 살고 있지는 않습니까? 아름다움을 경험할 때 우리는 자아를 벗어나 참된 영혼의 안식을 누릴 수 있습니다.

"내가 여호와께 바라는 한 가지 일 그것을 구하리니 곧 내가 내 평생에 여호와의 집에 살면서 여호와의 아름다움을 바라보며 그의 성전에서 사모하는 그것이라"_시편 27:4

2월 1일

5월 1일

8월 1일

11월 1일

버킷리스트를
던져 버려라

오늘날 많은 사람은 '한 번뿐인 인생을 즐기자'라는 YOLO(You Only Live Once)를 추구하고 버킷리스트를 만들어 성취하는 것을 인생의 낙으로 삼기도 합니다. 그러나 이런 시대정신 속에는 '죽음 이후의 삶은 끝'이라는 사상이 포함돼 있습니다. J. D. 그리어는 《인생, 어떻게 살 것인가》(생명의말씀사)에서 "버킷리스트를 던져 버리라"고 말합니다. 죽음 이후의 삶은 끝이 아니라 영원으로 이어지는 문이며, 이 땅에 있는 많은 문화는 천국에까지 계속 이어지게 될 것입니다.

J. D. 그리어는 천국에 있는 줄 서지 않는 디즈니월드와 무섭지 않고 흥미로운 스카이다이빙, 그리고 살찌지 않는 아이스크림과 초콜릿을 상상해본다고 말합니다. 이 땅의 모든 아름다움과 맛은 천국에서 경험할 예고편에 불과합니다. 이 땅의 삶은 단순히 버킷리스트를 채우는 삶이 아니라 천국에 가면 할 수 없는, 이 땅에서만 할 수 있는 하나님 나라의 소명을 이루는 삶이어야 합니다. 천국에 가면 할 수 있는 버킷리스트가 아니라 천국에서 할 수 없는 오직 이 땅에서만 할 수 있는 하나님의 나라를 위한 삶을 사십시오!

"그러므로 형제들아 더욱 힘써 너희 부르심과 택하심을 굳게 하라 너희가 이것을 행한즉 언제든지 실족하지 아니하리라. 이같이 하면 우리 주 곧 구주 예수 그리스도의 영원한 나라에 들어감을 넉넉히 너희에게 주시리라"_베드로후서 1:10-11

2월 2일

5월 2일

8월 2일

11월 2일

신앙의
가장큰적

존 파이퍼 목사는 《하나님께 굶주린 삶》(복있는사람)에서 신앙의
가장 큰 적은 악이 아니라 하나님이 주신 선물들이라 말합니다.
하나님을 향한 우리의 갈망을 무뎌지게 하는 것은 악인들의 잔
치가 아니라 세상의 식탁에서 끝없이 주워 먹는 부스러기들입
니다. 누가복음 14장에서도 예수님이 초대하시는 잔칫상에 오
지 못하는 사람들의 핑계는 죄와 악이 아니라 밭과 소와 아내입
니다. 하나님을 사랑하는 마음의 가장 큰 적은 그분의 원수가 아
니라 어쩌면 그분이 주신 선물입니다. 가장 위험한 욕구는 끔찍
한 악이 아니라 이 땅의 평범한 낙입니다.

우리에게 좋은 것이 하나님보다 더 좋은 것이 될 때 그것을 우
상숭배라고 말합니다. 음식, TV 시청, 여행, 주식 투자, 인터넷
쇼핑 등은 그 자체로는 죄가 되지 않습니다. 문제는 이런 것들
이 하나님의 자리를 대신하고 있거나 대신할 수 있다는 것입니
다. 하나님을 향한 목마름이 사라지는 이유는 어쩌면 탄산음료
로 잠시 목마름을 해결하고 있기 때문인지도 모릅니다. 신앙의
가장 큰 적은 악이 아니라 하나님의 선물들일 수 있습니다.

"그런즉 내 사랑하는 자들아 우상 숭배하는 일을 피하라" _고린도전서 10:14

2월 3일

5월 3일

8월 3일

11월 3일

참된 일의
성취

오늘날 젊은이들의 문화 내러티브 중의 하나는 직업의 성취를 통해서 인생의 목적을 추구하는 것입니다. 어린 시절부터 자아실현과 성취를 일과 연관하여 가르침을 받아왔기 때문일 것입니다. 그러나 하나님이 태초에 일을 디자인하셨고, 하나님의 일에 인간을 동참시키셔서 문화명령을 수행하도록 계획하셨습니다. 일을 통해 인정을 받아야 자아가 실현되는 것이 아니라, 하나님과의 관계성 안에서 안정감을 누린 사람들이 일을 통해 그 사랑과 은혜를 흘려보내는 것입니다. 사도 바울은 자신이 다른 사도보다 더 많이 수고했다고 고백합니다. 그 열심의 동기는 자신의 부족이나 결핍이 아니라 하나님의 은혜라고 고백합니다. 일이 먼저가 아니라, 하나님의 은혜가 먼저입니다. 은혜는 우리를 더 열심히 일하게 합니다.

참된 일의 성취는 하나님과 공동체 안에서 누리는 관계성 속에 있고, 그것이 채워지면서 우리의 일은 더욱 하나님 나라에 동참하고 이웃을 섬기는 행위로 나아갈 수 있습니다. 그렇지 않으면 헛된 영광을 위해서 자신을 갉아먹는 유사 열정으로 살아갈 수밖에 없습니다. 우리의 구원은 일과 성취에서 오는 것이 아니라 하나님과의 관계에서 오는 것입니다.

"그러나 내가 나 된 것은 하나님의 은혜로 된 것이니 내게 주신 그의 은혜가 헛되지 아니하여 내가 모든 사도보다 더 많이 수고하였으나 내가 한 것이 아니요 오직 나와 함께 하신 하나님의 은혜로라"_고린도전서 15:10

2월 4일

5월 4일

8월 4일

11월 4일

공감의
배신

사람들은 공감을 무조건 좋은 것으로 생각하곤 합니다. 그러나 미국 예일대 심리학 교수인 폴 블룸은 저서 《공감의 배신》(시공사)에서 공감이 무조건 선한 것이 아니라 공감 때문에 정확한 판단을 하지 못할 때가 있다고 말합니다. 성경은 상대방의 감정에 대해 무조건 공감하라고 말하지 않고 "사랑 안에서 진리를 말하라"(엡 4:15)고 권면합니다.

예수님은 성전에서 장사하는 사람들을 향해 공감하시면서 그들의 잘못을 눈감아 주지 않았습니다. 잘못된 점을 분명하게 말씀하셨습니다. 나사로의 죽음 앞에서 마르다와 마리아가 동일하게 "예수님이 계셨다면 오라버니가 죽지 않았을 것입니다"라고 하자 예수님은 각자에게 맞는 각각 다른 답변을 주십니다. 마르다에게는 부활과 생명의 관계를 자세히 설명하십니다. 그러나 마리아에게는 설명하지 않고 함께 눈물을 흘리십니다. "경우에 합당한 말은 아로새긴 은 쟁반에 금 사과"(잠 25:11)입니다. 무조건적 공감이나, 무조건적 진리가 아닌 사랑 안에서 진리를 말하는 삶의 균형을 배워야 합니다. 공감이 모든 문제의 해답은 아닙니다. 공감은 사랑 안에서 진리를 말하는 첫 단계입니다.

"우리는 사랑으로 진리를 말하고 살면서, 모든 면에서 자라나서, 머리가 되시는 그리스도에게까지 다다라야 합니다"_에베소서 4:15(새번역)

2월 5일

5월 5일

8월 5일

11월 5일

삶의 예배자로
살아가십시오

인생의 모든 변화는 예배의 회복으로부터 시작됩니다. 공적 예배의 회복이 없는 개인의 삶의 회복이란 있을 수 없습니다. 또한, 공적 예배의 은혜는 개인의 삶의 예배로 이어져야 합니다. 사도 바울은 로마서 12장 1절에서 우리의 몸을 살아있는 제물로 하나님께 드리라 권면합니다. 신앙생활의 은혜는 언제나 몸으로 열매를 맺어야 합니다. 몸으로 표현되지 않는 마음과 생각의 헌신은 어떤 것도 이룰 수 없습니다. 여기서 사용된 '영적 예배'라고 하는 단어는 '이성적인', '논리적인'의 의미입니다. 하나님께 우리의 삶을 드리는 것이 가장 이치에 맞는, 합당한 삶이라고 말합니다. 12장 1절을 시작하는 '그러므로'라는 말은 로마서 1-11장을 전부 요약하는 말인데, 그 내용은 '복음이란 무엇인가?' 하는 것입니다. 결국 우리는 예수님께서 우리 죄를 위해 죽으셨다는 복음의 내용을 바르게 알면, 하나님께 자신의 삶을 드리는 것이 가장 합당하고 이성적인 삶이라는 것을 알려줍니다. 인생을 가장 합리적으로 사는 방법은 복음이 무엇인지를 바르게 알고, 그 복음의 감격을 따라 나 자신의 인생을 하나님께 드리는 삶의 예배자로 살아가는 것입니다.

"그러므로 형제들아 내가 하나님의 모든 자비하심으로 너희를 권하노니 너희 몸을 하나님이 기뻐하시는 거룩한 산 제물로 드리라 이는 너희가 드릴 영적 예배니라" _로마서 12:1

2월 6일

5월 6일

8월 6일

11월 6일

위선과 행위를
경계하라

복음은 '내가 죄인 되었다는 것'과 동시에 '내가 하나님의 사랑
받는 자녀'라는 두 가지를 선명하게 부각합니다. 하나님을 향해
서는 하나님의 거룩하심에 대한 인식이 커지고, 자신을 향해서
는 죄성에 대한 인식이 커집니다. 그래서 복음은 나의 죄인 됨을
깊이 자각하는 회개와 하나님을 향한 믿음을 통해 우리를 거룩
하게 만듭니다. 그러나 복음의 은혜가 지속되지 않을 때 우리는
자신의 행위를 통해 하나님의 거룩하심을 누리려 하고, 또 자신
의 죄성을 가리고 싶어 하는 위선적 행동을 하게 됩니다.

바리새인들은 자신들의 행위로 거룩한 사람이 되고자 노력했고
결국 자신의 죄를 보지 못하는 위선적인 사람이 됩니다. 복음의
은혜가 지속되지 못하면 단순히 제자리에 머물러 있는 것이 아
니라 행위로 인정받으려 하고, 위선적인 행동을 하는 것으로 변
질됩니다. 지속성을 잃어버린 복음이 위선이란 이름의 죄로 이
어지게 됩니다. 복음 안에서 나의 죄인 됨과 하나님의 거룩하심
을 지속해서 묵상하십시오. 복음으로 시작했지만, 위선으로 끝
나는 삶을 경계해야 합니다.

"그러므로 사람이 의롭다 하심을 얻는 것은 율법
의 행위에 있지 않고 믿음으로 되는 줄 우리가 인
정하노라" _로마서 3:28

2월 7일

5월 7일

8월 7일

11월 7일

죽음을 부정하지
마십시오

미국 작가인 어니스트 베커는 《죽음의 부정》(한빛비즈)에서 오늘날 많은 사회의 문제들이 사람들이 죽음을 직시하지 않고 죽음을 부정하려는 데 있다고 말합니다. 죽음을 극복하지 못하는 인간들은 죽음을 외면하면서 현실을 살아가곤 합니다.

그러나 성경은 결혼식에 가는 것보다 초상집에 가는 것이 더 지혜롭다고 말합니다. 팀 켈러 목사는 《죽음에 관하여》(두란노)에서 죽음이란 우리를 흔들어 깨워 이생이 영원하리라는 착각에서 벗어나게 해준다고 말했습니다. "사랑하는 이의 장례식에 가거든 당신에게 말씀하시는 하나님의 음성을 들으라. 그분은 그분의 사랑을 제외하고는 이생의 모든 것이 덧없다고 말씀하신다." 우리가 죽음을 극복할 힘은 예수 그리스도에게서 옵니다. 예수님이 죽음을 정복하신 챔피언으로 계시기 때문입니다. 죽음은 더 이상 공포나 두려움이 아니라 영원으로 인도하는 문입니다. 이런 믿음이 있을 때 우리는 이 땅의 삶을 더 진실하게 살아갈 수 있습니다. 죽음은 영원을 바라보게 합니다. 또 이 세상이 전부가 아님을 알게 해주십니다. 죽음을 부정하지 마십시오. 죽음 너머를 통해 오늘을 바라보십시오.

"우리 살아 있는 자가 항상 예수를 위하여 죽음
에 넘겨짐은 예수의 생명이 또한 우리 죽을 육체
에 나타나게 하려 함이라" _고린도후서 4:11

2월 8일

5월 8일

8월 8일

11월 8일

정의를
실천하라

성경은 사랑과 정의(공의)를 함께 이야기합니다. 성경에서 말하는 정의, '미쉬파트'라는 단어는 '공평하게 대한다'라는 의미가 포함되어 있습니다. 즉 '미쉬파트'는 보호를 받는 것, 징계를 받는 것 모두 동일하게 돌아가야 할 몫을 주라는 의미입니다. 특히 과부와 고아, 나그네와 가난한 이들을 보살피고 보호하라는 의미로 '정의'를 자주 사용합니다. 가난한 이들을 돕는 것은 단순히 구제나 자선의 문제가 아니라 정의의 문제입니다. 이웃이 받아야 할 몫을 그에게 주는 것입니다. 구약성경은 가난한 사람들을 어떻게 대우하느냐를 한 사회의 정의를 평가하는 척도라고 말합니다. 그래서 어려움에 처한 사람을 돕지 않는 것은 단지 사랑이 없는 것이 아니라 불의한 것입니다. 우리 사회와 공동체 안에는 하나님의 정의가 실현되고 있습니까?

"여호와께서 네게 구하시는 것은 오직 정의를 행하며 인자를 사랑하며 겸손하게 네 하나님과 함께 행하는 것이 아니냐" _미가 6:8

2월 9일

5월 9일

8월 9일

11월 9일

기도의 능력을
회복하자

영국의 마틴 로이드 존스 목사는 이 시대에도 부흥이 필요하기 때문에, "마가복음 9장 28-29절을 묵상하면서 기도해야 한다"고 강조합니다. 이 시대 교회에 필요한 것은 사람의 방법이 아니라 하나님의 능력입니다. 기도란 인간의 힘으로 할 수 없다는 절망의 고백입니다.

바빠서 기도하지 못한다고 말하지만, 기도하지 못하는 중요한 이유는 바쁜 환경 때문이 아닙니다. 자신의 힘으로 살 수 있다는 교만 때문입니다. E. M. 바운즈는 저서 《기도의 능력》에서 "사람은 프로그램을 찾지만 하나님은 사람을 찾으신다. 성령이 쓰실 수 있는 사람, 즉 기도의 사람, 기도에 능한 사람"이라고 말했습니다. 우리의 문제는 인간의 힘만으로는 해결되지 않습니다. 오직 하나님의 능력이 필요합니다. 오늘날 우리에게 필요한 것은 더 많은 방법이 아니라 기도의 능력입니다.

"집에 들어가시매 제자들이 조용히 묻자오되 우리는 어찌하여 능히 그 귀신을 쫓아내지 못하였나이까 이르시되 기도 외에 다른 것으로는 이런 종류가 나갈 수 없느니라 하시니라"
_마가복음 9:28-29

2월 10일

5월 10일

8월 10일

11월 10일

피고석에 선
하나님

영국의 신학자 J. I. 패커는 오늘날 하나님을 믿는 신앙이 약화된 배경에 '하나님에 대한 무지'가 있다고 말했습니다. 이전 시대 사람들은 피고인이 재판장에게 가듯이 하나님께 나아갔습니다. 그러나 현시대를 살아가는 사람들은 그 역할을 바꿔버렸습니다. C. S. 루이스는 "인간이 재판장에 있고 하나님이 피고석에 있다" 고 말합니다. 피고석의 말에 경청하고 합리적으로 판단할 마음 의 준비가 된 마음 넓은 재판장이 존재하는 것 같지만, 정작 인간이 재판석에 있고 하나님이 피고석에 있다는 것입니다.

오늘의 시대는 하나님의 권위를 잃어버린, '경외심을 상실한 시 대'가 되었습니다. 인도 선교사로 헌신했던 레슬리 뉴비긴은 계 몽주의 이후 사람들이 성경 속에 있는 하나님의 권위보다 자신 이성의 권위를 더 높게 생각하기 때문에 '계몽주의 이성의 허망 함'을 깨닫게 하는 것이 서구교회의 위기를 풀어갈 열쇠라고 말 했습니다. 인생의 비극은 자신의 자리를 찾지 못한 교만에서 시 작되었습니다. 재판장의 자리에서 여전히 하나님을 피고석에 두 고 있지는 않습니까?

"깊도다 하나님의 지혜와 지식의 풍성함이여, 그의 판단은 헤아리지 못할 것이며 그의 길은 찾지 못할 것이로다" _로마서 11:33

2월 11일

5월 11일

8월 11일

11월 11일

약점을
극복하는 경건

능력 있는 리더일지라도 그의 삶이 후대의 유산으로 남으려면 성품이 뒷받침되어야 합니다. 미국 복음연합(TGC) 편집장인 콜린 핸슨이 쓴 팀 켈러 목사의 전기 《하나님의 사람, 팀 켈러》(두란노)에서 저자는 켈러 목사가 자신의 약점 때문에 리더십에서 어려움을 겪었다고 이야기합니다. 켈러 목사는 이런 약점을 자신의 경건을 통한 성품으로 극복했습니다. 리더십을 주제로 하는 대부분 책에서는 약점을 보완해줄 다른 사람을 통해 팀으로 사역하라고 말하지만, 사실 여기에는 분명한 한계가 있습니다. 본인의 경건으로 보완되지 않으면, 결국 은사의 부족함이 그 사람을 무너뜨리게 되는 경우를 종종 보게 됩니다.

켈러 목사는 능력 있는 장기 사역이 이뤄지도록 하는 핵심에 대해 "우리가 가진 기량 안의 은사가 결핍된 영역을, 우리가 가진 성품 안의 강력한 은혜의 작용으로 어떻게 보완하느냐에 달린 것"이라고 말했습니다. 재능과 능력의 사람이 되기보다는 성령의 열매를 맺는 경건과 성품의 사람이 돼야 합니다. 약점을 극복하는 것은 능력이 아니라 경건을 통한 은혜입니다.

"우리에게 주신 은혜대로 받은 은사가 각각 다르니 혹 예언이면 믿음의 분수대로, 혹 섬기는 일이면 섬기는 일로, 혹 가르치는 자면 가르치는 일로, 혹 위로하는 자면 위로하는 일로, 구제하는 자는 성실함으로, 다스리는 자는 부지런함으로, 긍휼을 베푸는 자는 즐거움으로 할 것이니라" _로마서 12:6-8

2월 12일

5월 12일

8월 12일

11월 12일

야성의 하나님을
만나십시오

존 스토트는 《기독교의 기본 진리》(생명의말씀사)에서 오늘날 신앙의 힘을 점점 잃어가는 이유 중 하나를 인간 이성의 한계 안에서 적당히 신앙생활을 하는 명목상의 그리스도인의 수가 많아지기 때문이라 평가했습니다. 인간의 이해 안에서 신앙생활을 하면 삶에서 하나님의 능력이 나타나지 않습니다. 하나님은 길들지 않는 야성의 하나님이십니다. C. S. 루이스의 《나니아 연대기》(시공주니어)에는 예수님을 상징하는 사자인 아슬란을 설명하는 대목에서 "그는 안전하지 않아. 그러나 선한 분이야. 그는 왕이야"라고 말합니다.

안전하지 않다는 말은 인간의 이해를 벗어나는 하나님의 크심과 거룩하심을 보여주는 말입니다. 하나님은 인간의 한계 안에 갇혀 계신 분이 아닙니다. 인간이 상상할 수 없는, 무한하신 하나님이십니다. 오늘 우리 신앙에 필요한 부분이 있다면 신앙의 야성을 회복하는 것입니다. 인생의 문제를 극복하는 길은 문제와 씨름하는 것이 아니라 제한받지 않으시는 하나님을 경험하는 것입니다. 하나님보다 큰 문제란 세상에 존재하지 않습니다.

"그들은 사자처럼 소리를 내시는 여호와를 따를
것이라 여호와께서 소리를 내시면 자손들이 서
쪽에서부터 떨며 오되" _호세아 11:10

2월 13일

5월 13일

8월 13일

11월 13일

공동체의
중요성

하나님과 아담이 있었던 에덴동산에 죄가 없었습니다. 그러나 그때 하나님은 아담이 혼자 사는 것이 좋지 않다고 말씀하십니다. 죄가 없는 곳에서 하나님만으로 만족했더라는 고백이 있을 것 같은데, 사람은 하나님만으로 살아갈 수 있는 존재가 아닙니다. 왜냐하면 하나님도 홀로 존재하지 않으시고, 삼위일체의 연합으로 존재하시기 때문입니다. 신약성경에는 '서로'라는 말이 60번 넘게 나옵니다. 만약 온라인 예배나 공적 예배만 참여하고 사람들과 교제하지 않는다면 성경에 나오는 약속을 무시하고 살아가는 삶이 됩니다. 조나단 에드워즈는 《천지창조의 목적》(솔 로몬)에서 하나님이 세상을 창조하신 이유를 사람들에게 사랑을 얻기 위해서가 아니라 삼위일체의 충만한 사랑을 나눠주기 위해서라고 말했습니다. 하나님이 세상을 창조하시고 인간을 창조하신 이유는 삼위일체의 관계적 행복을 누리게 하기 위해서입니다. 사람은 관계적 존재로 창조되었습니다. 하나님을 사랑하는 삶과 사람을 사랑하는 삶 모두가 필요한 존재입니다.

"여호와 하나님이 이르시되 사람이 혼자 사는 것
이 좋지 아니하니 내가 그를 위하여 돕는 배필을
지으리라 하시니라"_창세기 2:18

2월 14일

5월 14일

8월 14일

11월 14일

건강한 독신을
추구하라

가정의 달이나 명절에는 독신 남녀들이 유독 힘들어합니다. 결혼하지 않은 삶에 대해 잘못된 형태의 삶을 살고 있다는 식의 가르침은 성경의 가르침이 아닙니다. 성경은 독신도 하나님 앞에서 건강한 삶의 형태라고 말합니다. 우리 신앙의 모본이 되는 예수님과 사도 바울도 결혼하지 않았지만, 하나님 앞에 온전한 삶을 살았습니다.

팀 켈러 목사는 오늘날 결혼 문화를 이렇게 정의했습니다. "전통 사회는 반드시 결혼해야 한다는 것을 우상으로 삼은 반면, 현대 사회는 그 자리에 개인의 독립성이 자리 잡았다." 결혼을 절대시하는 것도 잘못됐지만, 또한 독신이 결혼보다 좋다는 생각도 잘못된 생각입니다. 오늘날 우리에게는 건강한 가정의 모델도 필요하지만 건강한 독신의 모델도 필요합니다. 독신은 하나님 앞에 완전한 삶의 형태임을 기억하면서, 독신을 외로움의 시간이 아니라 하나님과 공동체를 섬기는 충만한 시간으로 삼아야 합니다. 건강한 가정도 결혼 전의 건강한 독신의 삶에서 오는 것입니다.

"그러므로 결혼하는 자도 잘하거니와 결혼하지
아니하는 자는 더 잘하는 것이니라"
_고린도전서 7:38

2월 15일

5월 15일

8월 15일

11월 15일

하나님의 공급을
기억하십시오

시기와 질투는 내 안에 하나님이 주신 은혜를 바라보지 못하게 하고, 다른 사람의 가치를 인정하지 못하게 합니다. 사울은 다윗을 질투하면서 자신의 가치를 폄하시켰습니다. 영화 〈아마데우스〉에서 살리에리는 모차르트를 질투하며 하나님을 원망하기도 했습니다. 질투는 내 안의 부족한 것을 보게 하고 결핍에 집중하게 하는 영혼의 독입니다. 이런 시기와 질투에서 벗어나려면 하나님의 무한한 공급하심을 신뢰해야 합니다.

하나님을 배제한 세상의 방식은 늘 부족의 심리로 우리를 몰아갑니다. 그러나 전능하신 하나님이 내 아버지가 되심을 신뢰할 때 우리는 풍요와 만족의 마음을 가지게 됩니다. 인간의 한계 아래서 시기와 질투로 인생을 낭비하지 마십시오. 무한하게 공급하시는 하나님을 바라보십시오. 하나님은 우리에게 '흔들어 넘치도록 안겨주시는 분'이십니다. 또한 자신의 아들을 우리에게 주신 분이십니다. 어찌 그 아들과 함께 우리에게 모든 것을 주시지 않겠습니까!

"주라 그리하면 너희에게 줄 것이니 곧 후히 되어 누르고 흔들어 넘치도록 하여 너희에게 안겨 주리라"_누가복음 6:38

2월 16일

5월 16일

8월 16일

11월 16일

교만
경계하기

C. S. 루이스는 《스크루테이프의 편지》(홍성사)에서 인간의 죄 중 가장 큰 죄를 '교만'이라고 말합니다. 교만은 다른 악의 뿌리가 되는 악이며 사탄이 교만 때문에 타락했다고 말합니다. 또 사탄은 인간을 교만하게 할 수만 있다면, 순결하고 절제하며 용감하게 사는 것쯤은 봐줄 수 있다고 설명합니다. 왜냐하면 교만하게 되면 순결하고 절제하는 삶 자체를 자신의 공로로 삼기 때문입니다. 미국의 신학자인 라인홀드 니버는 "교만에도 여러 종류가 있는데 가장 위험한 것은 영적 교만"이라고 지적합니다. 영적 교만은 자신이 겸손하다는 사실에 만족하는 것입니다. 또 교만이 고개를 쳐든다는 것을 인식하게 될 때, 그 인식하는 것 자체를 다른 사람보다 더 영적으로 예민하다고 자신을 자랑스럽게 생각합니다.

교만을 이기는 길은 하나님의 임재를 경험하는 것뿐입니다. 하나님을 깊이 경험할 때 인간은 자신의 죄인 됨을 깊이 깨닫게 됩니다. 인간은 이미 교만으로 기울어진 마음을 가지고 태어납니다. 그래서 날마다 하나님의 거룩한 임재 앞으로 나아가야 합니다. 그래서 자신의 죄인 됨과 하늘 영광을 버리고 자신을 내어주신 그리스도의 은혜를 더 깊이 묵상해야 합니다.

"그러나 더욱 큰 은혜를 주시나니 그러므로 일렀
으되 하나님이 교만한 자를 물리치시고 겸손한
자에게 은혜를 주신다 하였느니라" _야고보서 4:6

2월 17일

5월 17일

8월 17일

11월 17일

하나님을
즐거워하십시오

웨스트민스터 소요리문답의 첫 번째 질문은 "사람의 주된 목적은 무엇입니까?"이며 그 답은 "하나님을 영화롭게 하며 그분을 영원히 즐거워하는 것"입니다. 결국, 신앙의 중심은 '하나님을 즐거워하는 것'이어야 합니다. 하나님을 즐거워하지 않을 때 우리는 하나님을 이용하는 사람이 됩니다. 마귀와 하나님의 백성이 구별되는 점은 성경 지식이 아니라 하나님을 즐거워하는지 아닌지에 있습니다.

야고보는 "네가 하나님은 한 분이신 줄 믿느냐 잘하는도다 귀신들도 믿고 떠느니라"(약 2:19)라고 말합니다. 우리의 순종도 이를 통해 복을 받으려는 것이 아니라 하나님이 이미 베풀어 주신 은혜에 대한 감사의 반응입니다. 결국 신앙생활의 모든 동기는 하나님을 즐거워하는 것으로부터 출발합니다. 영적 침체에 빠진 사람들의 특징은 감사와 기쁨이 사라지는 것입니다. 영적 권태는 하나님을 향한 즐거움이 사라지는 것에서부터 시작됩니다. 하나님을 즐거워하십시오. 그분의 사랑을 누리십시오. 우리가 살아가는 삶의 목적은 일의 성취가 아니라 하나님을 즐거워하는 것입니다.

"주께서 생명의 길을 내게 보이시리니 주의 앞에
는 충만한 기쁨이 있고 주의 오른쪽에는 영원한
즐거움이 있나이다" _시편 16:11

2월 18일

5월 18일

8월 18일

11월 18일

환대의 공동체를
회복하십시오

조슈아 W. 지프는 《환대와 구원》(새물결플러스)에서 초기 기독교 서적인 《클레멘스 1서》에 나오는 이야기를 언급합니다. 이 책에 서는 아브라함, 롯, 라합이 믿음과 환대를 통해서 구원을 얻었다 고까지 이야기합니다. 이 이야기처럼 우리는 환대로 구원을 받 는 것은 아닙니다. 그러나 구원은 반드시 환대로 이어져야 합니 다. 오늘날 개인주의 시대에서 교회가 잃어버린 것이 있다면 타 인을 향한 환대입니다. 미로슬라브 볼프는 "우리가 하나님을 향 해 소속될 때 타인을 향한 공간을 내어줄 수 있다"라고 말했습 니다. 《뜻밖의 회심》(아바서원)의 저자인 로자리아 버터필드는 기 독교에 적대적이었고, 레즈비언 공동체에 소속되어 있었던 사 람이었지만, 복음을 따라 환대를 베풀었던 한 목회자 부부의 식 탁교제에 참여하고, 서로 교제하면서 극적인 회심을 경험했습 니다. 그들과 친구가 되십시오. 우리의 우정과 섬김을 따라 복음 이 흘러가게 될 것입니다. 고립의 시대에 환대의 공동체는 외로 운 시대에 가장 좋은 대안이 될 수 있을 것입니다. 예수님의 별 명 중의 하나가 세리와 죄인들과 함께 음식과 포도주를 즐기는 사람이었다는 것을 기억하십시오. 예수님의 복음은 환대를 통해 흘러 들어갑니다.

"인자는 와서 먹고 마시매 너희 말이 보라 먹기
를 탐하고 포도주를 즐기는 사람이요 세리와 죄
인의 친구로다 하니" _누가복음 7:34

2월 19일

5월 19일

8월 19일

11월 19일

능력은 친밀함에서
나온다

하나님은 미디안 군대가 무서워 밤에 숨어서 타작하던 기드온에게 나타나셔서 '큰 용사'라고 말합니다. 영어 성경에는 '위대한 전사'라고 표현합니다. 겁이 많은 기드온이 위대한 전사가 될 수 있는 이유는 자신의 능력과 힘이 아니라 '하나님께서 함께하시기' 때문입니다. 하나님의 전쟁에서 이스라엘이 승리하는 비결은 무력과 군사력이 아니라 언제나 거룩과 순결함이었습니다. 하나님의 능력이 나타나는 비결은 나의 강함이 아니라 약함입니다. 내가 약함을 인식할 때 하나님을 더욱 의지하게 되고, 하나님과의 친밀함을 통해 하나님의 능력이 나타나게 됩니다. 능력 있는 삶의 비결은 약함에 대한 인식이며 그 약함은 하나님과의 친밀함으로 우리를 인도합니다. 내 삶 속에서 하나님의 능력이 나타나기를 원하십니까? 하나님을 가까이하십시오. 하나님과의 친밀이 곧 능력의 통로입니다.

"여호와의 사자가 기드온에게 나타나 이르되 큰
용사여 여호와께서 너와 함께 계시도다 하매"
_사사기 6:12

2월 20일

5월 20일

8월 20일

11월 20일

일상과
하나님의 나라

사사시대의 특징은 각자 자기의 소견에 옳은 대로 행하는 것입니다. 성경은 그 이유를 왕이 없었기 때문이라 말합니다. 하나님은 이런 어두운 시대를 타개하기 위해 다윗이라는 인물을 준비시키십니다. 그러나 성경엔 다윗이 영웅처럼 바로 등장하지 않습니다. 이방 여인인 룻과 불임으로 고통받고 있는 한나라는 여인과 함께 등장합니다. 한 가정의 아픔, 임신하지 못하는 삶의 고통, 격분시키는 브닌나와의 갈등은 우리의 삶에서 흔히 볼 수 있는 장면입니다.

그러나 룻과 한나의 이야기는 단순히 개인의 이야기로만 끝나지 않습니다. 하나님은 일상 속에서 일어나는 작은 사건들과 기도를 통해 결국 하나님의 나라를 이뤄가시고 다윗으로 이어지는 믿음의 역사를 이뤄가십니다.

힘든 가정생활, 직장에서의 어려운 대인관계 등 그 작은 일상의 일들을 기도할 때 그 기도를 통해 하나님은 하나님의 역사를 이루어가십니다. 지금 내 눈에 보이지 않아도, 내가 느끼지 못해도 우리의 작은 일상 속에서 오늘도 하나님은 여전히 일하시는 분이십니다. 하나님의 나라는 평범한 삶의 일상 속에서 이뤄집니다.

"그의 이웃 여인들이 그에게 이름을 지어 주되
나오미에게 아들이 태어났다 하여 그의 이름을
오벳이라 하였는데 그는 다윗의 아버지인 이새
의 아버지였더라" _롯기 4:17

2월 21일

5월 21일

8월 21일

11월 21일

심음과
거둠의 법칙

릭 워렌 목사는 "신앙의 성장은 자신이 원하는 만큼 이루어진
다"고 했습니다. 즉, 내가 이 정도의 신앙 수준을 가지고 있는 이
유는 이 정도만 원했기 때문입니다. 성경에 대해 더 깊이 알고
싶지만 그렇지 못한 이유는 성경을 알아가는 일에 그 정도의 시
간과 정성만을 사용했기 때문입니다. 성경은 "스스로 속이지 말
라"고 엄중히 말합니다. 우리가 거두게 될 열매의 양은 우리가
심은 씨앗의 결과입니다.

오늘날의 영성은 '하나님을 더 깊이 경험하고 싶지만, 또한 내
마음대로 살고 싶다'라고 정의할 수 있습니다. 하나님을 더 깊
이 경험하는 것과 내 마음대로 사는 것은 함께 갈 수 없는 일이
며 스스로 속이는 일입니다. 존 스토트 목사는 영적 생기를 유지
하는 비결은 '훈련'에 있다고 말합니다. "우리에게 다가오는 온
갖 압박 가운데서 어떻게 영적 생기를 유지할 수 있을까요? 저
는 훈련의 중요성을 믿습니다. 대개 생기가 사라지는 근본 원인
은 훈련을 하지 않기 때문입니다."

"스스로 속이지 말라 하나님은 업신여김을 받지 아니하시나니 사람이 무엇으로 심든지 그대로 거두리라"_갈라디아서 6:7

2월 22일

5월 22일

8월 22일

11월 22일

고난에 대한 해답은
하나님의 임재입니다

욥은 고난 속에서 선한 사람이 왜 고통을 당해야 하는지 하나님께 묻습니다. 하나님은 욥의 질문에 대답하지 않으시고 욥에게 도리어 질문을 하십니다. 질문은 두 가지 주제로 요약됩니다. "네가 아느냐"와 "네가 할 수 있느냐"입니다. 하나는 인간 지식과 지혜의 한계를 깨닫게 해주고, 또 하나는 인간 능력의 한계를 깨닫게 해줍니다.

인간은 알지 못하고 할 수 없지만, 하나님은 아시고 하실 수 있습니다. 이 질문 속에서 욥은 깊은 회개와 하나님의 크심을 경험합니다. 욥은 고난의 이유를 물었지만 고난의 이유는 인간의 한계 너머 있는 것임을 깨달으면서 '고난의 이유는 인간이 알 수 없는 영역이지만, 모든 고난은 다 하나님의 손안에 있다'라는 진리를 알게 됩니다. 고난을 이기는 힘은 고난의 이유를 아는 것이 아니라 모든 고난이 하나님의 손안에 있다는 하나님의 임재를 누리는 것입니다. 고난에 대한 하나님의 해답은 문제의 해결이 아니라 하나님의 임재입니다. 우리의 모든 고난은 하나님의 손안에 있음을 신뢰하십시오.

"내가 주께 대하여 귀로 듣기만 하였사오나 이제는 눈으로 주를 뵈옵나이다" _욥기 42:5

2월 23일

5월 23일

8월 23일

11월 23일

진정한 용서란 무엇인가?

최근 인기 있는 드라마를 보면 주로 '복수'에 관한 내용이 많습니다. 다양한 사회상을 반영하는 것이지만, 오늘날은 '용서'라는 단어보다는 '정의', '복수'라는 단어가 더 쉽게 다가오는 것 같습니다. 팀 켈러는 이런 사회적 상황 속에서 진정한 용서를 찾아야 한다고 말하면서 그의 책 《용서를 배우다》(두란노)에서 네 가지 실천 방안을 언급합니다. 첫째. 용서는 진실을 말하는 데서 시작되어야 합니다. 단순히 양해하거나 적당히 은폐할 것이 아니라 그의 잘못을 드러내야 합니다. 둘째. 내게 잘못한 사람을 불쌍히 여기는 것입니다. 가해자를 자신과 다른 악한 존재로 볼 것이 아니라 같은 죄인으로서 그와 자신을 동일하게 여겨야 합니다. 셋째. 그로 인한 손해를 자신이 부담하는 것입니다. 진정한 용서는 상대의 죄를 계속 상기시켜서 고통스럽게 하고 싶을 때도 그렇게 하기를 거부한다는 뜻입니다. 넷째. 관계를 영영 끊을 게 아니라 화해에 힘써야 합니다. 그리고 이런 진정한 용서를 위해서 가장 필수적인 것은 하나님으로부터 내가 용서받았다는 사실을 기억하는 것입니다. 수평적 용서는 언제나 수직적 용서에 기초합니다.

"너희가 사람의 잘못을 용서하면 너희 하늘 아버지께서도 너희 잘못을 용서하시려니와"
_마태복음 6:14

2월 24일

5월 24일

8월 24일

11월 24일

순종 없는 평안을
경계하십시오

기드온은 하나님의 능력으로 전쟁에서 큰 승리를 거둔 후에 교만해져서 우상숭배를 할 뿐 아니라 이스라엘 백성들을 우상숭배로 인도합니다. 승리 후에 사사가 살아있을 때 타락이 시작된 최초의 사사가 기드온입니다. 그래서 기드온이 살아있을 동안 40년 동안 평안했다는 의미를 팀 켈러 목사는 '예배가 없는 평안, 순종이 없는 평안'이라고 정의합니다. 존 스토트 목사는 오늘날 기독교의 상태를 '쿠션 같은 종교'라고 표현했습니다. 또 오늘날 현대 기독교를 가리켜 "고상하지만 얄팍한 기독교의 가면을 쓰고 그들은 존경을 잃지 않되 불편하지 않은 범위 내에서 신앙생활을 한다"고 꼬집었습니다.

이전 시대 교회의 시험은 박해였습니다. 때로는 기독교를 믿는 것 때문에 순교를 각오해야 할 때도 있었습니다. 우리 신앙의 선배들도 제사를 거부한다는 명목으로 박해를 받거나 유배당한 시절이 있었습니다. 그러나 오늘날 사탄의 전략은 박해가 아닌 평안입니다. 박해의 시대에 순교를 각오하면서 신앙생활을 했듯 평안의 시대도 순교적 자세가 필요합니다. 그렇지 않으면 분주한 현실에 매몰돼 하나님을 찾지 못하는 시대가 될 것입니다. 순종이 없는 평안을 경계하십시오.

"미디안이 이스라엘 자손 앞에 복종하여 다시는 그 머리를 들지 못하였으므로 기드온이 사는 사십 년 동안 그 땅이 평온하였더라" _사사기 8:28

2월 25일

5월 25일

8월 25일

11월 25일

군사력이 아니라
순종의 싸움입니다

하나님은 요단강을 건넌 이후 가나안 정복을 앞둔 여호수아와 이스라엘 군대에게 '할례'를 명하십니다. 요단강을 건너 적군을 앞에 둔 상황에서 할례를 행한다는 것은 전쟁을 포기하는 것과 마찬가지입니다. 그러나 하나님의 전쟁은 군사력 싸움이 아닙니다. 거룩과 순결의 싸움입니다. 성경대로 순종하면 직장생활을 제대로 할 수 없고 자녀 양육도 제대로 할 수 없다고 이야기하는 사람들도 있습니다. 그러나 하나님의 역사를 내 삶 가운데 경험하기를 원한다면 우리는 하나님의 말씀에 순종해야 합니다.

할례 후에 여호수아는 여호와의 군대 장관이 칼을 빼 들고 서 있는 것을 보게 됩니다. 칼을 빼고 있다는 것은 하나님께서 싸우시겠다는 의미입니다. 주의 말씀에 순종할 때 하나님이 싸우십니다. 주의 말씀대로 살아갈 때 하나님의 능력을 경험할 수 있습니다. 세상의 지혜가 아닌 하나님의 지혜는 어리석어 보이지만 언제나 승리하는 방식입니다.

"그 때에 여호와께서 여호수아에게 이르시되 너는 부싯돌로 칼을 만들어 이스라엘 자손들에게 다시 할례를 행하라 하시매"_여호수아 5:2

2월 26일

5월 26일

8월 26일

11월 26일

게으름에서
벗어나세요

'게으름'과 '나태'라는 말을 들으면 주로 일을 하지 않는 상태를 의미한다고 생각합니다. 그러나 성경에서 말하는 '나태'는 바쁘게 일하는 사람에게도 적용됩니다. 영적인 의미에서 나태는 하나님 사랑과 이웃 사랑에서 멀어진 상태입니다. 분주하게 일하지만 개인의 성공 또는 실패에 대한 두려움으로 일하는 열정은 우리를 영적 나태로 몰아갑니다. 이런 상태는 가장 교활한 우상숭배입니다. 다른 이들보다 앞서고 싶은 시기, 자신을 입증해 보이려는 교만, 쾌락을 얻으려는 탐욕이나 탐심이 열심히 일하는 동기가 되기 때문입니다.

일은 자아를 증명하거나 드러내는 도구가 아니라 이웃 사랑의 실천입니다. 하나님을 사랑하는 일에 소홀하고, 이웃 사랑에 소홀한 자기 중심성이 바로 영적 나태입니다. 사도 바울은 "너희 몸을 하나님이 기뻐하시는 거룩한 산 제물로 드리라"(롬 12:1)고 권면합니다. 이것은 우리의 모든 것이 주님의 것이라는 고백입니다. 일과 다른 분주함으로 하나님과의 관계에 소홀하지는 않습니까? 예수님은 많은 일을 하셨지만 분주하거나 쫓기지 않으셨습니다. 하나님 사랑과 이웃 사랑을 삶의 방향으로 실천했기 때문입니다.

"그러므로 형제들아 내가 하나님의 모든 자비하심으로 너희를 권하노니 너희 몸을 하나님이 기뻐하시는 거룩한 산 제물로 드리라" _로마서 12:1

2월 27일

5월 27일

8월 27일

11월 27일

하나님만 하실 수 있는 일을 경험하십시오

성경은 하나님의 공급을 받지 못하는 이유를 '구하지 아니하기 때문'이라고 명확히 밝힙니다. 우리가 얻지 못하는 이유는 기도하지 않기 때문이며, 하나님은 기도를 통해 좋은 것들을 주시겠다고 약속하셨습니다. 하나님의 공급이 없을 때 인생은 욕심을 낼 수밖에 없고 시기와 다툼과 싸움으로 살아갈 수밖에 없습니다. 두려움과 불안으로 쫓기듯 살아가는 삶의 특징은 기도 없는 삶으로 인해 하나님의 공급이 없기 때문입니다.

다투고 싸우고 경쟁해야 하는 세상 속에서 시간이 없기 때문에 기도하지 못하는 것이 아니라, 기도가 없기 때문에 시간이 없을 만큼 쫓기는 인생을 사는 것입니다. 기도 없는 삶은 결국 인간적인 노력의 결과 정도만 기대하는 삶으로 귀결됩니다.

기도는 하나님만이 하실 수 있는 일을 우리 삶을 통해 경험하는 것입니다. 기도하십시오. 하나님만이 하실 수 있는 하늘의 능력을 이 땅에서 경험하며 살아가십시오.

"너희는 욕심을 내어도 얻지 못하여 살인하며 시기하여도 능히 취하지 못하므로 다투고 싸우는도다 너희가 얻지 못함은 구하지 아니하기 때문이요"_야고보서 4:2

2월 28일

5월 28일

8월 28일

11월 28일

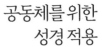

공동체를 위한
성경 적용

큐티나 성경 공부를 할 때 주로 개인적으로 적용하라는 말을 듣
곤 합니다. 물론 하나님의 말씀을 다른 사람에게 적용하는 것이
아니라 자신에게 적용하는 개인적 적용은 반드시 필요합니다.
그래서 개인적(personal), 실재적(practical), 실천 가능한(possible) 적
용을 강조합니다. 그러나 성경은 한 개인에게 주신 책이 아니라
이스라엘 공동체와 신약교회에게 주신 책입니다. 모세오경은 단
순히 개인의 윤리가 아니라 이스라엘 공동체가 하나님의 통치
가 임하는 곳이 되기 위한 방편으로 주셨습니다. 신약성경도 한
교회에 주신 책이 아니라 여러 교회가 성경을 읽고 적용했습니
다. 어거스틴은 《기독교 교양》(CH북스)에서 "성경을 읽으면서 하
나님과 이웃에 대한 사랑에 적용되지 않으면 아직 성경을 바르
게 이해하지 못한 것이다"라고 말했습니다. 성경은 개인에게만
적용되어야 하는 책이 아닙니다. 내가 속한 공동체를 위해 적용
해야 합니다. 개인주의가 만연한 시대 속에서 이제는 개인적 적
용을 넘어 공동체적 적용을 배워가야 합니다.

"여호와께서 그의 언약을 너희에게 반포하시고 너희에게 지키라 명령하셨으니 곧 십계명이며 두 돌판에 친히 쓰신 것이라"_신명기 4:13

2월 29일

5월 29일

8월 29일

11월 29일

돈의 주인이
되십시오

서점 베스트셀러 코너에 가면 자기계발서나 재테크 관련 책들
이 많습니다. 많은 사람이 돈과 성공을 목표로 살아가고 있다는
증거일 것입니다. 예수님은 불의한 청지기 비유를 통해 '불의의
재물로 친구를 사귀라'고 권면합니다. 리처드 포스터는 《돈, 섹
스, 권력》(두란노)에서 "우리가 물어야 할 질문은 하늘나라에 무
엇이 있을까 하는 것이다. 분명히 하늘나라에는 사람이 있을 것
이다. 우리가 보물을 쌓아두는 방법은 사람들의 생명에 투자하
는 것이다"라고 말합니다. 또 돈이 우리의 재물이 되지 않고 우
리가 돈의 주인이 되려면 돈 위에 서서 돈을 비웃어 주라고 말
합니다.

돈에 대해 가장 모독적인 행위는 바로 돈을 줘 버리는 것입니다.
획득하고 이윤을 얻고 증식하는 돈의 속성과 반대로 돈을 나누
어 주는 것이 바로 돈의 힘을 무력화시키는 핵심입니다. 불의의
재물로 친구를 사귀십시오. 돈의 속성을 거부하며 나눠 주십시
오. 그래서 돈이 아닌, 사람을 남기는 인생으로 사십시오. 이것
이 돈의 노예가 아니라 주인으로 사는 길입니다.

"내가 너희에게 말하노니 불의의 재물로 친구를
사귀라 그리하면 그 재물이 없어질 때에 그들이
너희를 영주할 처소로 영접하리라"
_누가복음 16:9

5월 30일

8월 30일

11월 30일

사람의 우연은
하나님의 섭리입니다

룻은 신앙을 따라 힘든 길을 선택했습니다. 자신의 고향을 떠나
베들레헴에 와서 이삭을 주우면서 생활해야 하는 극빈층의 삶
이었습니다. 그러나 룻기를 보면 룻의 인생 뒤편으로 하나님의
깊은 사랑과 섭리가 가득 차 있습니다. 성경은 '우연히' 보아스
의 밭에 이르렀다고 말합니다. 사람의 우연은 언제나 하나님의
필연이며 섭리이며 계획하심입니다. 룻기는 나오미와 룻 그리고
보아스의 대화와 행동으로 가득 차 있지만, 그 모든 인간의 대화
와 행동 뒤에는 하나님의 섭리가 있음을 알려줍니다.

오늘 내가 만나는 사람, 내게 주어진 환경과 사건은 모두 하나
님의 섭리로 가득 차 있습니다. 내 눈에 보이지 않지만 하나님
은 내 인생 뒤편에서 일하시는 분이십니다. 믿음의 눈을 열어
하나님을 바라보십시오. 지루한 또 다른 하루의 일상이 아니라
하나님의 계획하신 우연들로 가득 차 있는 신비한 오늘이 펼쳐
집니다.

"룻이 가서 베는 자를 따라 밭에서 이삭을 줍는데 우연히 엘리멜렉의 친족 보아스에게 속한 밭에 이르렀더라" _룻기 2:3

5월 31일

8월 31일

3부

말과 경주하는
인생으로 사십시오

예레미야는 악인들이 형통한 것에 대해 분노했습니다. 하나님이 주권적으로 통치하신다는 것을 믿었지만 자기 생각대로 되지 않아서 세상을 향해 분노합니다. 그러나 인간의 눈에 불합리하게 보일지라도 하나님은 당신의 계획과 선하심 가운데 이 땅을 통치하시는 분이십니다.

불평하는 예레미야를 향해 하나님은 "보행자와 함께 달려도 피곤하다면 어떻게 말과 경주해서 승리할 수 있느냐"라고 말씀하십니다. 하나님은 우리의 삶을 말과 경주하는 인생으로 만들고 싶어 하십니다. 이 하나님의 표준과 수준을 기억할 때 우리는 주님과 동행하게 되고 주님의 힘을 의지하여 결국 내 삶의 한계를 돌파하고 말과 경주하는 인생으로 살아갈 수 있습니다. 표준을 낮추지 마십시오. 작은 일에 불평하며 자신의 한계 안에 갇혀 있지 마십시오. 주님이 함께하십니다. 주님과 동행할 때 우리는 말과 능히 경주하는 인생으로 성장하게 될 것입니다.

"만일 네가 보행자와 함께 달려도 피곤하면 어찌 능히 말과 경주하겠느냐 네가 평안한 땅에서는 무사하려니와 요단 강 물이 넘칠 때에는 어찌하겠느냐" _예레미야 12:5

3월 1일

6월 1일

9월 1일

12월 1일

기쁨이 있는
회개

진정한 회개의 특징은 회개에 합당한 열매인 삶의 변화로 나타납니다. 변화로 이어지는 회개의 특징은 단순한 죄의 슬픔만이 아니라 기쁨이 동반됩니다. 팀 켈러는 《내가 만든 신》(두란노)에서 "기쁨과 회개가 함께 있어야 한다. 기쁨이 없는 회개는 절망에 이르고, 회개 없는 기쁨은 얄팍해서 잠깐의 감동 외에 깊은 변화를 주지 못한다. 우리가 예수님의 희생을 더없이 기뻐할 때 우리는 자신의 죄를 깊이 깨달을 수 있다"고 말합니다. 《회개를 사랑할 수 있을까》(좋은씨앗)의 저자인 이정규 목사는 "우리는 회개하지 못하는 삶에서 회개하는 삶으로 구원받았다. 그러므로 매일 회개로 가득해야 한다. 회개를 멈출 때 타락이 시작된다"라고 말했습니다. 회개는 하나님의 마음을 아프게 했다는 가슴 아픈 눈물이면서도, 이런 나를 사랑하시는 하나님의 변하지 않는 사랑에 대한 기쁨의 눈물이기도 합니다. 우리가 회개했기 때문에 용서되는 것이 아니라, 하나님의 긍휼 때문에 우리는 용서되는 것입니다. 그 끝없는 긍휼을 느낄 때 우리는 기쁨 가운데 하나님을 향해 다시 살아갈 힘을 얻습니다. 참된 회개는 죄의 슬픔만 아니라 기쁨을 동반하게 됩니다. 나의 회개는 참된 변화로 이어지는 합당한 회개입니까?

"그러므로 회개에 합당한 열매를 맺고 속으로 아브라함이 우리 조상이라 말하지 말라 내가 너희에게 이르노니 하나님이 능히 이 돌들로도 아브라함의 자손이 되게 하시리라"_누가복음 3:8

3월 2일

6월 2일

9월 2일

12월 2일

비전은 거룩한 슬픔을 동반합니다

많은 사람이 인생의 비전을 꿈꿀 때 내가 잘하는 것, 내가 좋아하는 것, 다른 사람의 인정이 있는 것 등으로 비전을 찾습니다. 그러나 하나님이 주신 비전은 내가 좋아하는 어떤 감정으로 시작하기보다 거룩한 하나님의 슬픔을 동반합니다. 느헤미야는 예루살렘 성벽이 무너졌다는 소식을 듣고 슬퍼하며 기도합니다(느 1:3-4). 우리가 살아가는 이 세상 속에는 아직도 이루어지지 않은 하나님의 나라가 존재합니다. 그래서 우리는 실현되어야 할 하나님의 통치와 현실 사이의 간격 때문에 기도할 수밖에 없습니다. 예수님도 무리를 보시고 불쌍히 여기셨습니다(마 9:36). 그 불쌍히 여기는 마음이 예수님을 십자가로 인도했습니다. 오늘 세상 속에서 여전히 이루어져야 할 하나님의 나라로 애통하고 계십니까? 하나님이 부어 주시는 거룩한 슬픔이 있습니까? 내가 좋아하는 일을 하는 것이 인생의 비전이 아니라, 하나님이 주시는 거룩한 슬픔이 바로 사명이며 인생의 비전입니다.

"내 형제들 가운데 하나인 하나니가 두어 사람과 함께 유다에서 내게 이르렀기로 내가 그 사로잡힘을 면하고 남아 있는 유다와 예루살렘 사람들의 형편을 물은즉 그들이 내게 이르되 사로잡힘을 면하고 남아 있는 자들이 그 지방 거기에서 큰 환난을 당하고 능욕을 받으며 예루살렘 성은 허물어지고 성문들은 불탔다 하는지라 내가 이 말을 듣고 앉아서 울고 수일 동안 슬퍼하며 하늘의 하나님 앞에 금식하며 기도하여" _느헤미야 1:2-4

3월 3일

6월 3일

9월 3일

12월 3일

두렵지만 한 걸음
나아가십시오

인내는 오랜 시간 고통을 참으면서 자랍니다. 용기는 두렵지만 한 걸음 내딛는 과정을 통해 자랍니다. 신앙이란 감정적 평안 가운데 조용히 살아가는 것이 아니라, 어렵지만 말씀의 기준 앞에 순종하며 자라는 삶입니다.

물리학자 김상욱 교수는 저서 《떨림과 울림》(동아시아)에서 "존재하는 모든 것은 떨고 있다"고 말합니다. 우주가 떨림이라면 인간은 울림이며, 모든 세상은 진동하는 중이라고 설명합니다. 우리는 비바람에도 끄떡없는 견고한 인생을 꿈꾸지만 늘 흔들리고 진동합니다. 어쩌면 연약한 인간이 가지는 당연한 이치입니다.

신앙이란 흔들리지 않는 강철 같은 심장을 가지는 것이 아니라, 두렵고 힘들지만 하나님의 말씀을 의지해 한 걸음씩 걸어가는 것입니다. 힘들지 않은 삶이 아니라 힘들지만 영광스러운 삶입니다. 힘든 가정생활, 어려운 직장생활 등이 무거운 짐처럼 느껴질 때가 있습니다. 신앙은 흔들리고 떨리지만 주와 함께 동행하는 삶을 살아가는 것입니다. 두려워도 한 걸음 나아가십시오. 그렇게 발을 내디딜 때 우리는 더 용기 있는 사람이 될 것입니다.

"너희에게 인내가 필요함은 너희가 하나님의 뜻
을 행한 후에 약속하신 것을 받기 위함이라"
_히브리서 10:36

3월 4일

6월 4일

9월 4일

12월 4일

예수님이 아기로
오신 이유

예수님의 성육신을 예언하는 이사야 7장 14절의 배경은 아람과 유다의 전쟁입니다. 아람이 에브라임과 동맹했기 때문에 유다의 백성들은 '숲이 바람에 흔들림 같이 흔들리는'(사 7:2) 상황입니다. 하나님은 이 전쟁에서 승리를 약속하시면서 예수님의 탄생이라는 성육신 예언을 선포하십니다. 이 비유는 결국 전쟁에서 승리할 힘이 우리에게 없다는 것을 깨닫게 하고 하나님을 의지할 때 두려워할 필요가 없음을 알려줍니다.

우리가 싸울 수 없지만, 우리를 위해 대신 싸우는 분이 있고 그분은 한 아기로 태어나신 분입니다. 왜 하나님은 전쟁 상황에서 아기 탄생을 예언하셨을까요? 이것은 예수님이 심판하러 오신 것이 아니라 심판당하러 오셨기 때문입니다. 그분은 죄와 모든 저주를 받으시고 승리하신 분이십니다. 힘과 능력의 승리가 아니라, 사랑과 희생의 승리입니다. 성탄의 모든 승리와 기쁨의 소식은 그리스도의 죽음을 통해 우리에게 온 것입니다. 그 사랑과 희생 덕분에 오늘도 우리는 성탄을 기뻐할 수 있습니다.

"그러므로 주께서 친히 징조를 너희에게 주실 것
이라 보라 처녀가 잉태하여 아들을 낳을 것이요
그의 이름을 임마누엘이라 하리라" _이사야 7:14

3월 5일

6월 5일

9월 5일

12월 5일

욕망을 잠재우고
감사를 선택하십시오

프랑스의 철학자 르네 지라르는 "인간의 모든 욕망은 타인의 욕망을 욕망하는 것"이라고 말했습니다. 타락한 인간의 마음 안에는 하나님이 아닌 다른 것을 욕망하는 죄의 본성이 있습니다. 가인과 아벨의 사건도 타인의 욕망을 욕망하면서 폭력과 질투가 일어났습니다. 르네 지라르는 십계명의 말씀들도 인간의 행위가 아니라 인간의 욕망을 다스리라는 계명이라고 정의합니다.

모든 인간은 욕망하는 존재로 살고 있습니다. 이런 인간의 욕망을 잠재우는 방법의 하나는 '침묵 훈련'입니다. 기도를 통해 자신 안에 있는 욕망을 발견하고 다스릴 때 더욱 선명하게 하나님의 뜻을 분별할 수 있습니다. 욕망을 잠재울 때 비로소 일상의 의미가 새로워지고 작은 일에도 감사와 경외가 있는 삶을 살아갈 수 있습니다.

기독교의 영성은 내 안의 욕망을 이루기 위해 기도하는 것이 아니라 내 안의 욕망이 변화되는 것입니다. 오늘 내 안에 결핍의 문제를 채우려고 노력합니까? 아니면 하나님이 주신 모든 것에 감사하며 살고 있습니까? 참된 신앙은 욕망을 이루는 것이 아니라 간구를 통해 욕망 자체가 변화되는 것입니다.

"나의 영혼아 잠잠히 하나님만 바라라 무릇 나의
소망이 그로부터 나오는도다" _시편 62:5

3월 6일

6월 6일

9월 6일

12월 6일

이미와 아직
사이에서

많은 사람이 십자가는 죽음, 눈물, 슬픔이고, 부활은 승리라고 생각하지만, 승리가 선언된 곳, 승리가 성취된 곳이 바로 십자가입니다. 부활은 십자가에서 이루신 그 승리를 확증하는 사건이라 할 수 있습니다. 그러나 그리스도가 승리하신 것과 우리가 그 승리를 누리는 것은 별개의 일입니다. 그리스도가 승리했기 때문에 가만히 있으면 자동으로 승리를 누릴 수 있는 것은 아닙니다. 이스라엘은 약속의 땅에 들어갔지만, 전쟁을 통해 그 약속을 누려야 했습니다. 약속이 있었지만 누리지 못할 수도 있습니다. 그리스도가 승리하셔서 마귀는 무력해졌지만 파괴된 것은 아닙니다. 마귀는 제거된 것이 아니라 타도된 것입니다. 그러나 이 승리는 완전히 보장된 승리입니다. 우리는 이 땅에서 때로는 실망할 수도 있고 어려울 수 있지만, 그 보장된 승리를 기초로 해서 오늘 부활의 승리를, 부활의 영광과 능력을 맛보며 하나님 나라를 소망할 수 있습니다. 그리스도의 부활은 이미 승리한 십자가의 사건을 기억하게 하고, 미래에 있을 영광스러운 승리를 연결하게 해줍니다. 오늘 우리의 삶은 이미와 아직의 사이에서 과거를 기억하며, 미래를 기대하며 사는 삶입니다.

"통치자들과 권세들을 무력화하여 드러내어 구경거리로 삼으시고 십자가로 그들을 이기셨느니라" _골로새서 2:15

3월 7일

_____

6월 7일

_____

9월 7일

_____

12월 7일

_____

문화의 우상에서
벗어나십시오

문화 비평학자 테리 이글턴은 《신의 죽음, 그리고 문화》(알마)라는 책에서 모든 사람은 마음속에 신을 모시는데 오늘날은 신을 죽인 시대이고 그 신의 자리를 '문화'가 대신 자리 잡고 있다고 말합니다. 팀 켈러 목사도 《내가 만든 신》(두란노)에서 우상숭배라고 하면 목상 앞에 절하는 원시인을 생각할지 모르지만, 문화마다 문화를 지배하는 우상이 있고, 제사장과 의식도 있다고 언급합니다. 지금의 시대는 미모와 권력, 돈과 성취의 신이 문화적 우상이 되고 사무실이나 헬스장, 스튜디오와 경기장이 신전이 되어 행복한 삶이라는 복을 얻고 액운을 물리치기 위해 우상숭배적 삶을 살아가고 있습니다. 아프로디테 앞에 절하지 않지만 외모와 몸매 때문에 우울증과 섭식장애를 겪기도 하고, 아르테미스에게 향을 피우지는 않지만 돈과 성공을 세상 최고의 가치로 떠받들면서 자녀를 인신제물로 바치듯이 가족들을 돌보지 않기도 합니다. 오늘날의 우상은 다른 종교가 아니라, 문화적 우상입니다. 문화의 우상에서 벗어나십시오. 하나님보다 더 사랑하는 모든 것은 다 우상숭배입니다. 하나님은 우리에게 자유를 주시지만 우상은 우리를 노예로 삼습니다.

"누가 철학과 헛된 속임수로 너희를 사로잡을까
주의하라 이것은 사람의 전통과 세상의 초등학
문을 따름이요 그리스도를 따름이 아니니라"
_골로새서 2:8

3월 8일

6월 8일

9월 8일

12월 8일

헌신의
동기

"첫째 아들은 그의 선함에도 불구하고 아버지의 사랑을 잃은 것이 아니라, 바로 그 선함 때문에 아버지의 사랑을 잃은 것이다. 첫째 아들과 아버지 사이에 벽을 만드는 것은 그의 죄가 아니라 도덕적 삶이었다."

팀 켈러의《탕부 하나님》(두란노)에 나오는 문장입니다. 탕자의 비유로 잘 알려진 누가복음 15장에서 둘째 아들인 탕자가 돌아와서 아버지가 잔치를 베풀었을 때, 첫째 아들은 분노합니다. 그리고 "내가 여러 해 아버지를 섬겨 명을 어김이 없거늘 내게는 염소 새끼라도 주어 나와 내 벗으로 즐기게 하신 일이 없더니"(눅 15:29)라고 원망합니다. 첫째 아들이 아버지의 말씀에 순종하고 섬긴 이유는 결국 자신의 유익을 위해, 즉 보상받기 위해서입니다. 이것은 자신의 순종을 대가로 하나님과 흥정을 하는 행위입니다. 종교는 나의 행위를 통해 신께 보상을 요구하는 것입니다. 그러나 복음은 하나님이 먼저 나에게 베풀어 주신 은혜와 사랑을 알고, 그 은혜에 대한 반응으로 순종하는 것입니다. 오늘 나의 헌신의 동기는 무엇입니까? 종교는 하나님이 내게 빚을 지게 하는 것이지만, 복음은 내가 하나님께 빚진 마음을 가지는 것입니다.

"아버지가 이르되 얘 너는 항상 나와 함께 있으니 내 것이 다 네 것이로되, 이 네 동생은 죽었다가 살아났으며 내가 잃었다가 얻었기로 우리가 즐거워하고 기뻐하는 것이 마땅하다 하니라"
_누가복음 15:31-32

3월 9일

6월 9일

9월 9일

12월 9일

거룩한
상상력

리차드 포스터는 《영적 훈련과 성장》(생명의말씀사)에서 가장 첫 번째 훈련으로 '묵상'을 제시합니다. 복잡한 묵상의 방법이 아니라, 하나님의 말씀을 지적으로 깨달았으면 아주 단순하게 마음으로 가지고 오는 과정으로 묵상할 것을 권유합니다.

기록된 하나님의 말씀이 선포된 말씀이 되려면 내가 등장인물 중 한 사람이 되거나, 글을 입체적으로 바라볼 수 있는 상상력을 가져야 합니다. 묵상이란 '성화 된 상상력'입니다. 물론 상상력은 사탄의 도구가 될 수도 있지만, 인간 안에 있는 어떤 기관도 다 사탄의 도구가 될 수 있습니다. 우리의 지성도 마찬가지입니다. 지성도 사탄의 도구가 될 수도 있고 하나님의 진리를 깨닫는 도구가 될 수도 있습니다. 우리의 상상력의 주인이신 하나님의 통치 아래 상상력이 성화 되어야 합니다. 그러면 입체적으로 하나님의 마음이 다가올 수도 있고, 보이는 세상 속에서 보이지 않는 세계를 경험하고 바라보는 힘을 기를 수 있게 됩니다. 거룩한 상상력을 통해 우리는 하나님을 더 깊이 경험할 수 있게 됩니다.

"하나님을 알되 하나님을 영화롭게도 아니하며 감사하지도 아니하고 오히려 그 생각이 허망하여지며 미련한 마음이 어두워졌나니"

_로마서 1:21

3월 10일

6월 10일

9월 10일

12월 10일

아주 작은
습관의 힘

습관에 대한 대부분의 가르침은 동기부여를 해서, 작심삼일을 넘어설 습관의 시스템을 개선해야 한다고 말합니다. 그러나 제임스 클리어의 책《아주 작은 습관의 힘》(비즈니스북스)은 흥미롭게도 외적 노력과 시스템의 변화로는 한계가 있다고 말합니다. 진정한 삶의 변화를 위해서는 더 깊은 곳, 즉 '마음의 정체성'이 변화되어야 함을 강조합니다.

인간은 스스로 결단해서 변화될 수 없습니다. 전적 타락한 존재인 인간은 자신이 마음먹은 대로 살 수 없는 속박 상태로 살고 있습니다. 진정한 정체성의 변화와 습관의 변화는 개인의 노력이 아니라 하늘로부터 오는 것입니다. 성경을 펼치면 창세기 첫장부터 우리를 '태초'로 인도합니다. 세계가 창조되기 전, 그 태초에 하나님이 계셨고, 나는 온 우주보다 더 소중한 하나님의 사람으로, 하나님께서 영원 전부터 나를 선택하셨습니다. 성경 속에서 그리스도의 사랑으로 인해 나는 존귀한 사람이며, 하나님의 사랑받는 자녀라는 참된 확신을 소유하게 됩니다. 이 확신, 나의 존재 자체로 사랑받는다는 정체성의 확신만이 우리를 변화시킵니다. 습관을 변화시키고 싶습니까? 행위가 아니라 정체성에서 시작되어야 합니다.

"그 바라는 것은 피조물도 썩어짐의 종노릇 한
데서 해방되어 하나님의 자녀들의 영광의 자유
에 이르는 것이니라"_로마서 8:21

3월 11일

6월 11일

9월 11일

12월 11일

자기를
내어주는 사랑

흔히 요한복음 3장 16절을 외워보라고 말하면 아주 큰 소리로 외웁니다. 그러나 동일 저자가 쓴 요한일서 3장 16절을 외워보라고 말하면 잠잠합니다. 요한복음 3장 16절과 요한일서 3장 16절은 마치 하나의 문장처럼 연결해서 암송하면 좋습니다. 요한복음 3장 16절은 하나님께서 예수님을 우리에게 주셔서 참사랑을 알게 하셨고 우리를 구원하셨다는 내용입니다. 요한일서 3장 16절은 예수 그리스도의 목숨을 버리는 사랑 때문에 우리가 비로소 사랑을 알게 되었고 그 사랑 때문에 우리도 형제들을 위해 목숨을 버리는 것이 마땅하다는 선언입니다. 즉 성경을 요약할 수 있는 두 계명인 하나님 사랑과 이웃 사랑을 함께 보여주는 대표 구절이라 할 수 있습니다.

예수님께서 나를 사랑하신 것은 감사하면서 암송하지만 내가 이웃을 위해 예수님처럼 사랑해야 한다는 것을 암송하지 못한다면 반쪽 진리를 믿고 있는 것입니다. 앞으로 요한복음 3장 16절과 요한일서 3장 16절을 연결해서 암송해보십시오. 그리고 실천해보십시오. 내가 받은 그리스도의 사랑이 이웃 사랑으로 세상 속으로 흘러가게 될 것입니다.

"그가 우리를 위하여 목숨을 버리셨으니 우리가 이로써 사랑을 알고 우리도 형제들을 위하여 목숨을 버리는 것이 마땅하니라" _요한일서 3:16

3월 12일

6월 12일

9월 12일

12월 12일

존재가치와
자녀 양육

한국인 최초로 존스홉킨스대학 소아정신과 교수로 일하고 있는 지나영 교수는 자녀 양육에 힘들어하는 한국 부모들을 향해 너무 많은 것을 가르치려 하지 말고 본질에 집중하라고 말합니다. 그는 저서 《세상에서 가장 쉬운 본질 육아》(21세기북스)를 통해 아이에게 가르쳐야 할 가장 중요한 것은 절대적 존재가치를 심어주는 것이라고 말합니다. 조건 없는 사랑을 받을 때, 자신의 존재 자체가 사랑받는 사람이라는 인식을 가질 때, 자녀는 세상에 기여하는 사람으로 나아갈 수 있게 됩니다. 작은 키 때문에 고민하는 아이에게는 운동하고 일찍 자고 밥도 많이 먹어야 하지만 지금 그 존재 자체가 사랑스럽다는 인식을 심어주어야 합니다. 존재가치를 느끼지 못하는 사람은 결핍을 메우기 위해 세상을 살아갑니다. 세상을 경쟁으로 바라보는 사람은 불안과 두려움을 극복하기 위해 일합니다. 하나님은 우리를 존재 자체로 사랑하십니다. 우리가 죄인 되었을 때 우리를 위해 죽으셨기 때문입니다. 그 사랑이 순종으로 이어지듯이 자녀 양육과 복음의 방식이 적용되어야 합니다. 존재가치를 누릴 때 세상에 기여하는 사람으로 성장할 수 있습니다. 세상의 가치관이 아니라 복음으로 자녀를 양육할 때 가장 아름다운 삶의 열매를 맺을 수 있게 됩니다.

"우리가 아직 죄인 되었을 때에 그리스도께서 우리를 위하여 죽으심으로 하나님께서 우리에 대한 자기의 사랑을 확증하셨느니라" _로마서 5:8

3월 13일

6월 13일

9월 13일

12월 13일

내 감정을
그대로 표현하는 기도

기도는 포장의 언어가 아니라 솔직한 감정의 언어입니다. "그의 앞에 마음을 토하라"(시 62:8)는 말씀에서 '토하다'라는 단어가 욥기에서 쓸개가 땅에 '흘러나오게' 한다는 말로 사용되었습니다. 이는 단순히 감정을 쏟아내는 정도가 아니라 토하듯이 속에 있는 더러운 것들을 내놓는다는 의미로 이해해도 좋을 것입니다. 팀 켈러는 고대의 철학자들은 이성으로 감정을 눌러야 덕이 있는 사람이라고 생각해서 이성 중심주의였다면, 오늘날 현대인들은 감정은 소중하기 때문에 감정을 그대로 표출하라고 권유하는 감성 중심주의가 되었다고 말합니다.

감정을 억누르는 것, 또 감정을 그대로 표현하는 것은 모두 해답이 될 수 없습니다. 우리의 감정은 재조정 되어야 합니다. 어떻게 하면 감정을 재조정할 수 있을까요? 시편의 기도처럼 감정을 그대로 하나님께 쏟아내는 것입니다. 기도로 내 삶을 포장하지 않고 내 감정을 그대로 표현할 때, 기도 속에서 하나님을 통해 우리의 감정은 재조정되며 우리의 언어는 승화되어 갑니다. 시편은 모두 감정적으로 시작했지만, 마지막엔 찬양으로 끝납니다. 감정이 하나님 앞에서 재조정되었기 때문입니다. 하나님 앞에 모든 감정을 토하십시오, 우리의 감정이 재조정될 것입니다.

"백성들아 시시로 그를 의지하고 그의 앞에 마음을 토하라 하나님은 우리의 피난처시로다"
_시편 62:8

3월 14일

6월 14일

9월 14일

12월 14일

하향성의
영성

헨리 나우웬은 그리스도의 삶을 '하향성의 영성'이라고 표현합니다. 더 높은 곳으로 오르려고 애쓰는 '상향성의 영성'이 아니라 자기를 희생하고 낮은 곳으로 내려가는 '하향성의 영성'을 추구해야 한다고 말합니다. 예수님의 성육신을 깊이 묵상하면 그리스도의 사랑과 하나님의 무한한 긍휼에 감동하게 되고, 하나님이 사람이 되셔서 나를 구원하신 그 은혜에 감격하면 나 자신을 희생해서라도 이루고 싶은 하나님의 꿈이 생기게 됩니다.

예수님이 십자가를 질 수 있었던 원천도 여기에 있습니다. 하나님을 향한 사랑과 이루고 싶은 소명이 자신의 안위보다 더 컸기 때문에, 자기의 뜻이 아니라 아버지의 뜻을 선택하실 수 있었습니다. 예수님은 그 삶의 방식을 우리에게 주시기를 원하십니다. 하나님의 통치는 결국 자기희생을 통해서 이루어집니다. 공동체의 건강과 가정의 건강, 그리고 사회의 건강은 누군가가 위에서 아래로 내려오는 자기희생을 통해 열매 맺습니다. 상향성으로 가득 찬 세상 속에서 하향성의 영성을 추구하십시오. 그 낮은 곳, 십자가의 길이 바로 영광으로 가는 길입니다.

"또 무리에게 이르시되 아무든지 나를 따라오려
거든 자기를 부인하고 날마다 제 십자가를 지고
나를 따를 것이니라"_누가복음 9:23

3월 15일

6월 15일

9월 15일

12월 15일

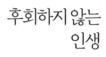

후회하지 않는
인생

　서울대 김영민 교수는 《인생의 허무를 어떻게 할 것인가?》(사회
평론아카데미)라는 책에서 허무란 인생의 의미를 추구할 때 생기는
것이기에 의미 자체를 추구하지 말 것을 권유합니다. 즉 의미를
추구하지 않으면 허무를 극복할 수 있다고 말합니다. 의미를 추
구하는 자체를 버리는 것, 인생 자체에 의미가 없기에 의미 없이
살아가는 법을 배우라는 것입니다.

참신하고 신선한 발상이긴 하지만, 인생은 의미가 없다고 믿는
다고 해서 의미가 없는 것은 아닙니다. 의미 없는 삶을 추구한다
고 해서 참된 행복과 만족이 있는 것도 아닙니다.

인생의 의미를 찾는 이유는 하나님과 멀어진 슬픔 때문입니다.
하나님과 연결될 때 비로소 인생의 의미를 발견할 수 있기 때문
입니다. 어차피 한 번 죽는 것이기에 죽음이 두렵지 않다고 말하
는 사람들도 있지만, 정작 죽음 앞에 서면 두려운 것이 인간입니
다. 칼빈은 《기독교 강요》에서 하나님을 아는 지식과 인간을 아
는 지식은 연결되어 있다고 말했습니다. 인생의 참된 의미는 하
나님과 연결될 때 비로소 발견할 수 있습니다. 인생의 의미는 내
안에서 찾는 것이 아니라 하나님 안에서 발견되는 것입니다.

"무릇 내 백성은 나를 잊고 허무한 것에게 분향하거니와 이러한 것들은 그들로 그들의 길 곧 그 옛길에서 넘어지게 하며 곁길 곧 닦지 아니한 길로 행하게 하여" _예레미야 18:15

3월 16일

6월 16일

9월 16일

12월 16일

서사의
위기

독일 베를린 예술대학의 철학 교수인 한병철 교수는《서사의 위기》(다산초당)에서 오늘날 스토리 중심의 사회는 서사를 잃어버린 정보의 시대라고 비판합니다. SNS에 공유되는 이야기는 서사를 상실한 개인의 정보에 불과하기에 공동체가 아닌 커뮤니티로, 공감이 아닌 정보교환으로 변질되고 있음을 우려합니다. 삶은 떨어진 정보가 아니라 과거와 미래에 연결된 오늘이어야 합니다. 또한 한 개인의 이야기만이 아니라 내 인생보다 더 큰 서사에 연결될 때 삶의 의미가 생깁니다.

스펙보다 스토리가 더 중요하다는 이야기를 하지만, 그 스토리도 단지 개인의 이야기일 뿐입니다. 우리는 개인의 스토리를 만들기 위해 이 땅에 태어난 존재가 아닙니다. 성경을 보면 여전히 거대한 하나님 나라의 서사가 흐르고 있습니다. 창세기로부터 시작된 하나님의 계획은 예수 그리스도의 재림으로 완성될 것입니다. 우리는 이미 시작되었으나 아직 완성되지 않은 하나님의 나라를 살아가고 있습니다. 이 위대한 서사와 나의 개인의 이야기가 만날 때 비로소 삶의 의미가 생깁니다. 나의 오늘 하루는 의미 없는 하루가 아니라 하나님 나라의 위대한 역사를 이루어가는 하루입니다.

"그 뜻의 비밀을 우리에게 알리신 것이요 그의 기뻐하심을 따라 그리스도 안에서 때가 찬 경륜을 위하여 예정하신 것이니 하늘에 있는 것이나 땅에 있는 것이 다 그리스도 안에서 통일되게 하려 하심이라" _에베소서 1:9-10

3월 17일

6월 17일

9월 17일

12월 17일

갈등을 해결하는 용서

인간 타락의 결과 중 하나는 다른 사람과의 갈등입니다. 그 갈등을 해결하는 길은 용서입니다.《복음 중심의 삶》(생명의말씀사)의 저자 로버트 순은 하나님으로부터 받은 은혜를 가해자와 피해자의 관점으로 설명합니다. 우리는 하나님과 원수가 되었던 가해자인데 그런 우리에게 피해자 되시는 하나님이 먼저 찾아오시는 것이 바로 복음의 핵심입니다. 결국 다른 사람을 용서한다는 것은 우리에게 베푸신 하나님의 용서를 반영하는 것입니다.

어떤 이들은 "그 사람이 나에게 한 일을 생각하면 절대 용서할 수 없다"고 말하지만, 그 속에는 "그 사람의 죄는 나의 죄보다 더 크다"라는 잘못된 교만이 숨어 있습니다. 복음은 우리에게 용서할 수 있는 자원을 공급해 줍니다. 복음은 내가 여전히 죄인이라는 겸손이라는 자원과 이런 죄인인 나를 끝없이 사랑해주시는 하나님의 부요한 사랑이라는 자원을 공급해 줍니다. 하나님이 공급하시는 겸손과 사랑을 확신할 때 우리는 다른 사람의 잘못에 대해 용서를 선택할 수 있습니다. 그리스도가 나에게 다가오신 것처럼 지금 손을 내미십시오.

"서로 친절하게 하며 불쌍히 여기며 서로 용서하기를 하나님이 그리스도 안에서 너희를 용서하심과 같이 하라"_에베소서 4:32

3월 18일

6월 18일

9월 18일

12월 18일

독서와
기도

인간에게 창조적 능력이란 무에서 유를 만들어내는 것이 아닙니다. 있는 것을 활용해서 연결하는 능력이라 할 수 있습니다. 스티브 잡스의 천재성과 창의력은 결국 연결에 있습니다. 스마트폰과 컴퓨터가 연결될 때 아이패드라는 세상에 없는 제품이 탄생했습니다. 독서할 때도 다른 두 책이 서로 연결되는 경험을 할 때 창의적으로 될 수 있습니다. 이런 창의적 독서를 하려면 독서와 기도가 연결되어야 합니다. 책을 읽기만 하면 읽은 다양한 내용이 머릿속에서 떠다닙니다. 그 내용들이 하나둘씩 연결되고 조합되려면 숙고와 묵상의 시간이 필요한데, 읽은 내용을 가지고 기도할 때 수많은 명제와 내용이 정리되고 조합이 되며, 삶에서 적용되기도 합니다. 독서는 책상에서 시작되지만, 무릎으로 마무리됩니다. 독서가 기도로 이어지면 거룩한 상상력을 통해 보이지 않는 영적인 세계가 보이는 현실 세계보다 더 생생하게 느껴지기도 합니다. 독서를 통해 기도할 때 우리는 풍성한 하나님의 섭리를 직접 경험할 수 있게 됩니다.

"내 영혼이 내 속에서 피곤할 때에 내가 여호와
를 생각하였더니 내 기도가 주께 이르렀사오며
주의 성전에 미쳤나이다"_요나 2:7

3월 19일 _____

_____

_____

6월 19일 _____

_____

_____

9월 19일 _____

_____

_____

12월 19일 _____

_____

_____

_____

절반의
제자도의 대가

사사기에서 하나님은 이스라엘에게 가나안을 정복할 것을 명하십니다. 그러나 유다 민족은 '철 병거가 있다'는 핑계로 그들을 쫓아내지 못했습니다. 하나님의 말씀보다 자신들의 상식을 더 중요하게 생각했기 때문입니다. 그들 자신에게 힘이 없었기 때문이 아니라, 하나님의 힘을 믿지 못한 것입니다. 죄의 특징은 거짓이며, 거짓은 우리를 더 큰 잘못된 생각에 사로잡히게 합니다. 절반의 제자도는 절반의 승리가 아닌 패배로 끝이 납니다. 영성학자인 달라스 윌라드는 "제자도를 위해 지불해야 하는 대가는 크다. 그러나 제자도를 추구하지 않을 때 지불해야 하는 대가는 더 크다"라고 말했습니다. 당장 눈앞에 있는 현실이 무서워 하나님의 뜻에 순종하지 않는다면 결국 더 큰 대가를 지불할 수도 있습니다. 다윗은 시편 18편에서 이렇게 고백합니다. "내가 주를 의뢰하고 적군을 향해 달리며 내 하나님을 의지하고 담을 뛰어넘나이다"(시 18:29). 믿음은 철 병거를 바라보면서 두려워하는 것이 아니라, 하나님을 의지하여 담을 뛰어넘는 것입니다.

"여호와께서 유다와 함께 계셨으므로 그가 산지 주민을 쫓아내었으나 골짜기의 주민들은 철 병거가 있으므로 그들을 쫓아내지 못하였으며"
_사사기 1:19

3월 20일

6월 20일

9월 20일

12월 20일

복음의
정체성을 갖자

팀 켈러 목사는 "복음은 내가 생각했던 것보다 더 큰 죄인인 것을 깨닫게 해주고, 또한 내가 생각했던 것보다 더 사랑받는 하나님의 자녀가 된다는 것을 알게 해준다"고 말했습니다. 많은 사람은 다른 사람과의 비교, 타인의 평가, 또는 자신이 자신에 대해 내리는 평가 등으로 정체성을 형성합니다.

사도 바울은 자신을 '죄인 중의 괴수'(딤전 1:15)라고 고백하지만, 자신이 못난 사람이라고 괴로워하지 않습니다. 그는 그리스도의 사랑받는 자녀이기 때문입니다. 자신의 정체성을 자신 안에 둘 때 우리는 실패에 무너지게 되고 성공에 교만하게 됩니다.

복음의 정체성은 겸손함과 용기를 동시에 가지게 합니다. 내가 죄인이기에 겸손할 수밖에 없고, 하나님의 사랑받는 자녀이기에 용기를 가지고 담대히 살아갈 수 있습니다. 열등감과 우월감의 굴레에서 벗어날 수 있는 유일한 방법이 바로 복음을 통해 정체성을 세우는 것입니다. 나는 할 수 없지만, 그리스도와 함께라면 모든 것을 할 수 있습니다. 그래서 나는 약하지만 강하고, 아무것도 없는 자 같지만 모든 것을 가진 자입니다. 자존감은 내가 바라보는 내가 아니라, 하나님이 바라보시는 나를 믿는 것입니다.

"근심하는 자 같으나 항상 기뻐하고 가난한 자 같으나 많은 사람을 부요하게 하고 아무것도 없는 자 같으나 모든 것을 가진 자로다"
_고린도후서 6:10

3월 21일

6월 21일

9월 21일

12월 21일

삶의 변화는
예배로부터 시작됩니다

사마리아의 여인은 인생의 문제를 가지고 있었습니다. 남편이 다섯이 있었지만, 여전히 삶의 목마름의 문제를 해결하지 못했습니다. 그녀에게 예수님은 남편에 대해 상담하지 않고, 앞으로의 결혼에 대해 조언하지 않습니다. 예수님은 예배에 대해 말씀하십니다. 사마리아 여인의 변화는 예배에 대한 대답 속에서 이루어졌습니다. 예배가 변화될 때 삶은 변화됩니다. 그래서 모든 변화의 시작은 예배의 변화로부터 출발합니다. 또한 예배는 인간의 결정에 의해 드리는 것이 아니라 진리를 따라 드려야 합니다. 또한 성령 안에서 드려야 합니다. 진리와 영으로 예배드릴 때 우리는 하나님의 임재를 예배 가운데 경험할 수 있습니다. 자연주의 세계관으로 가득 찬 이 세상에서 초자연적인 하나님의 임재를 경험할 때 우리는 하나님께 자신을 내어드리게 됩니다. 삶의 변화를 원하십니까? 그렇다면 예배를 회복해야 합니다. 예배의 회복이 없는 삶의 회복이란 존재하지 않습니다.

"하나님은 영이시니 예배하는 자가 영과 진리로
예배할지니라" _요한복음 4:24

3월 22일

6월 22일

9월 22일

12월 22일

훈련이 우리를
자유롭게 합니다

영성가인 달라스 윌라드는 오늘날 현대 크리스천들을 가리켜 '뱀파이어 크리스천'이라는 재미있는 표현을 사용했습니다. 뱀파이어는 흡혈귀로 사람들의 피를 빨아먹고 사는 전설 속의 인물입니다. 오늘날 그리스도인들이 그리스도의 피로 구원을 얻었지만 자신의 삶에서는 변화가 없는 상태를 표현한 말입니다. 예수님은 승천하시면서 제자들에게 "가서 모든 민족을 제자로 삼으라" 명령하시면서 예수 그리스도께 배운 것을 "가르쳐 지키게 하라" 말씀하셨습니다. 우리는 가르침을 받는 교육으로 끝나서는 안 됩니다. 그것을 '지키는 수준'으로 성장해야 합니다. 결국 신앙이란 몸에서 완성됩니다. 삶의 변화는 지식에서 끝나지 않고 몸의 변화와 순종으로 이어져야 합니다. 수영이나 자전거 타기를 처음 배울 때, 물을 먹지 않고 넘어지지 않고 배우는 사람은 없습니다. 지속적인 훈련의 과정을 통해 우리는 참된 자유에 도달하게 됩니다. 훈련은 힘든 것이지만, 훈련의 목표는 자유입니다.

"내가 너희에게 분부한 모든 것을 가르쳐 지키게 하라 볼지어다 내가 세상 끝날까지 너희와 항상 함께 있으리라 하시니라" _마태복음 28:20

3월 23일

6월 23일

9월 23일

12월 23일

영적 우정의
중요성

다윗은 사울의 적대감을 경험하며 살았습니다. 누군가 나를 죽이기까지 싫어하는 사람이 있을 때 우리는 극도의 스트레스를 겪게 됩니다. 그런 인간관계의 고통 속에서도 다윗이 든든히 성장할 수 있었던 이유는 하나님의 사랑과 요나단과의 우정이 있었기 때문입니다. 하나님이 에덴동산에서 아담을 창조하셨을 때도 아담이 혼자 있는 것이 좋지 않음을 깨닫게 하시고 하와를 만드셨습니다. 에덴동산에 죄가 들어오기 전이지만 아담은 하나님과 홀로 만족하는 것이 아니라 하와가 필요했습니다. 하나님도 홀로 계시지 않고 삼위일체로 존재하십니다. 유진 피터슨은 "영적 우정은 영성에서 매우 과소평가를 받는 측면이다. 우정은 사실 우리의 영성에 기도나 금식과 다를 바 없이 중요하다. 성례에서 물과 포도주가 사용되는 것처럼 우정은 평범한 인간 경험을 취하여 거룩한 것으로 변화시킨다"라고 말했습니다. 우리에게는 하나님의 사랑도 필요하지만, 사람들과의 영적 우정도 반드시 필요합니다. 오늘 나와 우정을 나눌 영적 친구가 있습니까?

"요나단은 다윗을 자기 생명 같이 사랑하여 더불어 언약을 맺었으며" _사무엘상 18:3

3월 24일

6월 24일

9월 24일

12월 24일

포스트모던 시대의
전도

팀 켈러 목사는 《탈기독교시대 전도》(두란노)에서 오늘날처럼 기독교에 적대적인 상황에서는 시대에 맞는 다른 전도 방법이 필요하다고 역설합니다. 마이클 그린은 초대교회 때는 복음 전도의 80% 이상이 일반 성도들의 관계 전도를 통해 이뤄졌다고 분석했습니다.

먼저, 믿지 않는 사람들과 개인적 관계를 쌓아가야 합니다. 그리고 인생의 문제에 기독교적 답변을 제시해 줘야 합니다. 고난 속에서도 흔들리지 않는 소망을 붙들 때 세상은 교회에 매력을 느끼게 될 것입니다. 또한, 복음을 설득력 있게 전달할 수 있어야합니다. 복음은 인간 스스로 구원에 이를 수 없다는 나쁜 소식과 인간의 노력이 아니라 그리스도를 통해 구원받을 수 있다는 좋은 소식을 포함합니다. 인간은 자유와 행복을 원하지만 참된 자유와 행복에 도달할 수 없습니다. 그러나 그리스도 안에 있을 때 행위와 관계없는 완전한 사랑을 공급받게 되고 그 사랑은 우리를 완전한 자유와 행복으로 인도하게 됩니다.

결국, 포스트모던 시대 속에서 전도는 구별된 가치관을 가지고 복음을 설득력 있게 삶과 말로 증언할 때 이루어지게 됩니다. 하나님의 복음은 오늘도 여전히 사람을 변화시킵니다.

"그들이 날마다 성전에 있든지 집에 있든지 예수는 그리스도라고 가르치기와 전도하기를 그치지 아니하니라" _사도행전 5:42

3월 25일

6월 25일

9월 25일

12월 25일

진정한 나를
발견하는 법

최근 매스컴에서 성공한 사람들이 출연해서 강연하는 내용 중 '나답게 일하는 법', '나다워지는 법'이라는 주제가 많습니다. 자신의 고유한 가치를 발견하고 다른 사람과의 차별성을 가지라 권유합니다. 이런 문화의 이야기는 오늘날 유행하는 또 다른 율법주의 종교에 불과합니다. 지금 결핍된 삶에서 무엇을 더해야 더 나은 삶을 살 수 있다는 주장입니다. 그러나 복음은 우리가 무엇을 행하는 것이 아니라, 이미 우리를 위해 예수님이 행해주신 일을 믿는 것입니다. J. I. 패커는 《약함이 길이다》(디모데)에서 "그리스도인의 삶과 사역에 열매가 맺히려면 참된 영적 힘이 필요한데, 참된 영적 힘을 얻는 길은 자아를 의지하지 않는 겸손에 있다"고 말합니다. 사도 바울도 자신의 육체의 연약함 때문에 하나님의 능력이 자신에게 머무르게 되었고, 약함을 통해 강하게 되었다는 역설적인 고백을 합니다. 우리는 나다워지기 위해 더 큰 노력으로 차별화해야 하는 사람들이 아닙니다. 더욱 하나님을 의지하면서 진정한 자신의 위치를 발견하는 사람들입니다. 인간의 참된 자리는 하나님 앞에 서 있는 것입니다. 진정으로 나다워지는 비결은 나의 연약함을 깨닫고 더욱 하나님을 의지하는 것입니다.

"우리가 약할 때에 너희가 강한 것을 기뻐하고 또 이것을 위하여 구하니 곧 너희가 온전하게 되는 것이라" _고린도후서 13:9

3월 26일

6월 26일

9월 26일

12월 26일

선한 수고에는
선물이 있습니다

J. R. R 돌킨의 소설《니글의 이파리》는 우리가 살아가는 일상의 소중함을 잘 다루고 있습니다. 화가인 주인공 니글은 이파리로 시작해서 나무와 마을까지 그리고 싶은 꿈이 있었지만, 사람들을 섬기는 다양한 선행들을 하면서 결국 이파리 하나를 그리고 죽습니다. 그가 죽어 천국으로 가는 여행길에서 '니글의 마을'이라는 곳을 보는데 그곳에 자신이 생각했던 그 나무와 마을이 실제로 존재하는 것을 보고 탄성을 지르는 장면이 있습니다. 이 소설을 통해 니글은 우리의 인생에서 계획한 대로 결과가 이루어지지 않지만, 그 방향이 맞다면 우리의 선한 수고는 마지막 날에 아름다운 열매를 맺게 되리라는 것을 알려줍니다. 우리는 하나님 나라를 이 땅에서 완성하는 사람들이 아니라, 하나님 나라가 저기 있다고 보여주는 화살표로 존재합니다. 노력해도 나무 하나 그리지 못하고 이파리 하나 남기는 인생일지 모르지만, 천국에서 우리의 작은 순종과 선행을 통해 하나님의 나라가 완성되었다고 예수님은 인정해주실 것입니다.

"이는 보좌 가운데에 계신 어린 양이 그들의 목자가 되사 생명수 샘으로 인도하시고 하나님께서 그들의 눈에서 모든 눈물을 씻어 주실 것임이라"_요한계시록 7:17

3월 27일

6월 27일

9월 27일

12월 27일

하나님을 사랑하고
사람을 사랑하십시오

미국의 사회학자 조나선 하이트는 《바른 행복》(부키)에서 인간이 행복을 느끼려면 두 가지와 연결되어 있어야 한다고 말합니다. 첫째는 자신보다 더 큰 세계와의 연결을 통한 경외심을 회복하는 것, 둘째는 주위의 사람들과 좋은 관계를 통해 누리는 연대감입니다. 일반 학자들이 연구한 〈행복의 조건〉, 〈행복의 기원〉 등의 내용을 보아도 동일합니다. 인간이 행복하려면 반드시 '관계의 행복'이 필수적입니다. 세상 모든 사람의 행복의 조건이 비슷한 이유는 우리는 모두 삼위일체 하나님으로부터 창조된 피조물이기 때문입니다. 그 하나님과 연결될 때 우리는 경외심과 연대감을 통해 참된 행복을 누릴 수 있습니다. 성경적으로 말하자면 하나님을 사랑하고 네 이웃을 사랑하는 것입니다. 인생의 행복을 위해 성공과 돈과 명예와 사랑을 좇는 사람들이 많습니다. 그러나 참된 행복은 하나님을 사랑하고 사람을 사랑하는 것에 있습니다. 오늘 하루 우리의 일과를 마감하면서 두 가지 질문을 던져보십시오. 나는 하나님을 어제보다 더 사랑했는가? 나는 사람을 어제보다 더 사랑했는가? 이것이 인생에서 가장 중요한 두 가지 질문입니다.

"예수께서 이르시되 네 마음을 다하고 목숨을 다하고 뜻을 다하여 주 너의 하나님을 사랑하라 하셨으니 이것이 크고 첫째 되는 계명이요 둘째도 그와 같으니 네 이웃을 네 자신 같이 사랑하라 하셨으니" _마태복음 22:37-39

3월 28일

6월 28일

9월 28일

12월 28일

그리스도의
옷을 입었습니다

스가랴 3장에서 대제사장 여호수아는 더러운 옷을 입고 하나님과 천사와 사탄 앞에 서 있습니다. 거룩한 대제사장의 옷도 하나님 앞에서 더러운 옷일 뿐입니다. 인간의 의는 모두 하나님 앞에서 누더기일 뿐입니다. 사탄은 더러운 옷을 입은 여호수아를 참소합니다. 사탄의 공격이 힘이 있는 이유는 정말 우리가 더러운 옷을 입고 있기 때문입니다. "너는 좋은 부모가 되지 못할거야", "너는 실력이 없어서 성공하지 못할 거야." 많은 사탄의 비난 앞에 무너질 때가 많습니다. 그때 하나님은 대제사장 여호수아에게 "내가 네 죄악을 제거하여 버렸으니 네게 아름다운 옷을 입히리라"(슥 3:4) 선언하십니다. 갈라디아서에서 바울은 우리가 그리스도로 옷 입었다고 말합니다. 우리의 더러운 옷을 그리스도께서 대신 입으셨고, 우리에게 아름다운 옷을 입혀주셨습니다. 사탄이 우리를 고소할 때, 우리는 이렇게 대적해야 합니다. "그래 나는 더러운 사람이고, 더러운 옷을 입은 존재이지만, 예수님이 나를 깨끗하게 해주셨다. 하나님은 나처럼 연약한 인생을 통해서도 위대하신 일을 행하시는 분이시다." 우리는 여전히 죄인이지만 하나님의 사랑받는 거룩한 하나님의 자녀입니다. 우리는 그리스도로 옷 입은 존재들입니다.

"누구든지 그리스도와 합하기 위하여 세례를 받
은 자는 그리스도로 옷 입었느니라"
_갈라디아서 3:27

3월 29일

6월 29일

9월 29일

12월 29일

장애물을
회피하지 마십시오

미국의 정신과 의사인 스캇 펙 박사는《아직도 가야할 길》(율리시
즈)에서 자신을 찾아오는 대부분의 신경증 환자와 성격장애 환
자들의 공통적인 특징 중의 하나를 "모든 책임지는 것에 대한
병적인 장애를 가지고 있는 것"으로 정의합니다. 인생에서 어
려움이 닥치면 그 어려움을 책임지지 않고 회피하려고 할 때 문
제가 발생하는데, 신경증 환자는 그때 자신을 질책하고 비난하
는 데 에너지를 사용하고, 성격장애 환자들은 타인과 세상을 비
난하는데 에너지를 사용하는 경향을 발견했습니다. 인생이 원
래 힘든 것임을 이해할 때 책임지는 삶을 사는 출발을 할 수 있
다고 말합니다. 성경은 예수님을 믿을 때 고난으로부터 해방된
다고 말하지 않습니다. 타락한 피조 세계를 살아가는 삶은 때로
는 힘들고 고통스럽습니다. 그러나 그 어려움 속에서 하나님을
의지하며 성숙해지는 비결을 배우는 것이 인생입니다. 히브리서
기자는 예수님은 하나님의 아들이셨지만 고난을 통해 순종을
배우셨다고 말합니다. 신앙이란 감정적 평안을 누리는 삶이 아
니라, 인생의 무거운 짐을 지고 걸어갈 수 있는 영적 맷집을 가
지는 것입니다. 힘든 삶의 장애물을 회피하지 마십시오, 주님과
함께 그것을 넘어가면서 우리는 더욱 성숙해질 것입니다.

"그가 아들이시면서도 받으신 고난으로 순종함
을 배워서 온전하게 되셨은즉" _히브리서 5:8-9

3월 30일

6월 30일

9월 30일

12월 30일

일상에서 하나님의 섭리를
발견하십시오

우리의 일상 속에는 하나님의 섭리가 흐르고 있습니다. 그러나 그것을 발견하는 안목이 없으면 하나님의 역사를 무시하고 지나치기도 합니다. 오늘 내가 만난 사람, 내가 처한 환경을 통해 하나님은 끝없이 우리에게 말을 걸고 계십니다. 말씀을 읽고 삶으로 적용하는 훈련도 필요하지만, 일상의 삶 속에서 하나님의 섭리를 발견하는 훈련도 필요합니다. 하루의 삶을 마감하는 일기를 쓰는 것도 좋은 훈련의 방법입니다. 오늘 내 삶에 일어나는 작은 일까지도 하나님의 섭리임을 기억하십시오, 그러면 우리의 일상과 하루는 다르게 보입니다. 참새 두 마리가 한 앗사리온에 팔리는 것까지 하나님이 섭리하십니다. 내 삶의 작은 일상 속에서도 하나님의 손길이 있음을 믿으십니까? 우리의 일상에 하나님을 초대하십시오, 그러면 내 삶의 문제는 작아지고 우리의 일상은 주님과 동행하는 하루가 될 것입니다.

"참새 두 마리가 한 앗사리온에 팔리지 않느냐
그러나 너희 아버지께서 허락하지 아니하시면
그 하나도 땅에 떨어지지 아니하리라"
_마태복음 10:29

3월 31일

12월 31일

그 말씀 힘 되어 365

초판 1쇄 발행 2024년 11월 29일

글쓴이 고상섭
펴낸이 정선숙

펴낸곳 협동조합 아바서원
등록 제 274251-0007344
주소 경기도 고양시 덕양구 향동동 391 디엠씨플렉스데시앙 JKB 1523호
전화 02-388-7944 **팩스** 02-389-7944
이메일 abbabooks@hanmail.net

협동조합 아바서원, 2024

ISBN 979-11-90376-81-5 03230

잘못 만들어진 책은 구입한 곳에서 교환해 드립니다.